승만경을 읽는 즐거움

일진 스님의
행복한
승만경 이야기

승만경을 읽는
즐거움

민족사

추천사

내가 동국대학교에서 학위를 마치고 운문사로 내려와 강석을 연 지 16년 만인 1985년, 처음으로 두 명의 전강제자를 얻게 되었는데 지금 운문사 승가대학장인 흥륜 스님과 주지인 일진 스님이다.

1970년 겨울 어느 날, 어린 사미니스님을 동대문 버스터미널에서 만났다. 그 은사 재석 스님이 "이 아이는 강사를 만드세요!"라는 말에 "강사는 본인이 스스로 되는 거예요!"라고 하며 똘망똘망한 사미니의 손을 건네 잡고 운문사로 온 기억이 뚜렷하다. 그 어린 사미니가 바로 일진 스님이다.

일진 스님은 1978년 화엄경반의 학인 신분으로 치문반 학인스님들에게 강의를 시작하여 8년간 중강으로 강의를 한 후 전강을 받은 뛰어난 제자였다.

당시 비구 강원에서는 전강傳講을 통한 강맥講脈 전수가 있었지만 비구니 강원에서 전강은 처음 있는 일로 비구니 강단사講壇史에서 한 획을 긋는 일이었다고 할 수 있다.

1994년에는 불교학을 전공하고자 일본으로 유학하여 교토불교대학京都佛教大學에서 석사학위를 받았다. 이후 강원의 강사뿐만 아니라 동국대학과 불교교양대학에서 강의하는 등 교학가로서, 또 법사로서 성실하게 전법傳法하였으며 한편으로는 선원에서 안거를 하는 등 선禪과 교教를 구족하기에 힘썼다.

2010년부터는 운문사 제16대 주지로 취임하여 운문사에서는 최초로 자원봉사자들을 적극 활성화시켜 학인스님들이 간경에 더욱 힘쓸 수 있는 환경을 제공하였다. 또 겸손하고 친절한 성품으로 운문사를 찾는 불자들에게 편안한 휴식의 도량을 만들어 주었다. 더불어 비구니 중앙종회의원으로서 종단의 책무에도 부지런하였다.

이렇게 바쁜 와중에서도 틈틈이 경전의 본의를 탐구하여 이번에 『승만경勝鬘經을 읽는 즐거움』을 저술하여 간행한 것이다. 이는 본분사本分事를 잊지 않고 있음을 여실하게 보여준 것이라 하겠다.

일진 스님이 법석法席에 앉아 강론講論을 하면 멀고 가까운 곳에서 많은 사람들이 몰려왔으며 바람에 풀이 쏠리듯 감화를 받는 것도 이러한 수행자로서의 평소 모습 때문이라 할 수 있다. 일진 스님이야말로 이理와 사事를 구족한 승가의 이상적인 모델이라고 해도 조금도 손색이 없을 것이다.

『승만경』은 널리 알고 있는 바와 같이 승만 부인이 대승불교의 정수精髓인 여래장 사상을 설한 경전으로서 특히 재가 여성이 경전을 설했다는 것은 의미가 크다. 더욱이 여래장 사상을 담고 있는 경전을 설했다는 것은 불성에는 남녀의 차이가 없음을 입증해 주는 것이라 하겠다.

일진 스님이 『승만경』에 관심을 가진 것은 매우 오래 되었다. 이미 30년 전 동국대학교에 다닐 때부터 「석림釋林」지에 승만경에 대한 글을 쓴 적이 있고 전국 여러 사찰의 불교대학에서 이 『승만경』을 강의하기도 했다. 운문사에서 학인스님들에게도 강의를 하였는데 지난해에는 불교 텔레비전에서 몇 달 동안 본격적으로 강의하였다. 이 책에는 시간의 제약 때문에 강의에서 말하지 못했던 내용도 모두 담겨 있다.

일진 스님은 난해한 것으로 유명한 승만경을 알기 쉽게 해설하여 불자들의 정신세계에 부처의 씨앗인 여래장 사상을 심어주고 있으니 이것이 이른바 보살행이요, 자비행이 아니고 무엇이겠는가?

본인도 일찍이 문화방송의 추천을 받아 대구 시민회관에서 이 『승만경』을 강의한 적이 있는데 일진 스님이 이어서 이렇게 강의를 하고 책을 발간한다 하니 스승으로서 경사가 아닐 수 없다.

이『승만경』은 여래가 될 수 있는 경전, 부처가 될 수 있는 경전이다. 40여 년을 경전 연구와 탁월한 변재辯才로 전법 활동을 해온 경험으로 저술된 일진 스님의『승만경勝鬘經을 읽는 즐거움』을 많은 이들이 읽고 부처님이 가신 길을 함께 가기를 고대한다.

2014년 햇살 좋은 가을날
호거산 운문사 죽림헌竹林軒에서
법계명성法界明星 근지謹識

머리말

세존이시여, 저는 오늘부터 깨달음에 이를 때까지 자신을 위해 재물을 쌓아 두지 않으며 전부 가난한 중생들을 성숙시키는 데 쓰겠습니다.
世尊 我從今日乃至菩提 不自爲己受畜財物 凡有所受悉爲成熟 貧苦衆生

승만 부인의 10대원 중의 하나입니다. 열 가지 간절한 서원 중의 하나를 뽑았습니다. 하나 더 강조한다면 세 번째 원願인 "중생에 대하여 화내는 마음을 일으키지 않겠다"는 서원입니다.

저는 유독 '재물'과 '성냄'에 대하여 집중하게 되었습니다. 강의 중에도 유난히 성내지 않음에 대하여 강조했던 사실을 기억합니다. 그것은 수행에 보시바라밀과 인욕바라밀의 덕목이 얼마나 중요한지를 설명하는 대목이기도 하기 때문입니다. 수행, 그 자체가 삶의 모습이라면 보시하는 삶이야말로 자신과 이웃을 넉넉하고 평화롭게 하는 것이며 수행의 기본임은 당연한 것입니다.

인욕바라밀도 마찬가지입니다. 화내지 않으리라는 승만 부인의 원력은 처음부터 끝까지 인욕의 수행을 하고자 서원한 것입니다. 참는 일을 하지 않으면 아무것도 성취할 수가 없습니다. 아마도 우리 모두는 그 때 그 순간 그 상황에 대하여 참지 않았다면 지금 이 순간이 오롯이 존재할 수가 없었을 것입니다.

그런 의미에서 지금 여기에 함께 살고 있음에 마음을 다하여 감사드립니다. 그리고 BTN 덕분에 무상사 법당에서 매주 화요일 오전 11시 함께 마주하며 웃기도 하고 때로는 박수도 쳐 주시며 즐거웠던 시간들이 이제는 추억이 되었습니다. 동참해 주셨던 많은 불자님들이 벌써 그립습니다. TV를 통하여 열심히 보고 격려를 보내주신 도반스님, 첫 아가를 잉태하고 승만 부인으로 태교하기로 원을 세워 한 번도 결석하지 않았던 새댁, 승만경 강의를 다 듣고 새롭게 발심 출가한 사미니, 저는 감히 이러한 사항들이 승만경의 영험이라고 말합니다.

부처님 경전을 누가 어떻게 읽고 신수봉행信受奉行하는가에 따라 영험의 내용이 많이 다릅니다. 무상사 법당에서 즐겁게 승만경을 함께 읽던 계절은 무성한 여름이었는데 이렇게 책으로 만들어지는 계절은 가을이 되었습니다.

가을은 모두가 근원으로 돌아가게 하는 힘을 가진 계절이기도 합니다. 이제 읽고 말하는 즐거움에서 침묵하고 사유하는 지혜를 함께 갈무리하는 아름다운 시간이 되었습니다.

"너는 꼭 강사가 되라. 그러기 위해서는 명성明星 스님께 가라" 고 당부하시고 키워주신 은사스님께 이 책을 올립니다.

오늘의 제가 존재하기까지 함께 하신 모든 분들께 감사드립니다. 특히 BTN 강의 교재였던 승만경을 이 책에 인용할 수 있도록 허락해 주신 동국대학교 김호성 교수님께 마음 깊이 감사드립니다. 또한 강의를 받아 써서 기록해 주신 성실한 수강생 무상행 님, 책으로 만들어 주신 민족사 윤창화 사장님, 사기순 주간님 고맙습니다. 지금까지 함께할 수 있던 소중한 인연의 공덕으로 모두 행복하시기를….

2014년 10월
운문사 피하당에서
일진 두손 모음

차례

승만경 읽기를 시작하며

　승만경은 제가 개인적으로 아주 좋아하는 경전입니다. 학인시절 공부할 때부터 좋아했고, 인연 있는 도량의 불교대학에서 불자님들과 함께 승만경에 대해 공부하기를 좋아했습니다. 여성 불자님들께서는 제가 왜 그렇게 승만경을 좋아하고 불자님들과 함께 공부하길 좋아하는지 미루어 짐작할 수 있을 것입니다.

　출가수행자는 성별을 초월해서 살아갑니다. 부처님은 남녀노소할 것 없이 평등한 불성 존재임을 강조하셨고, 그 법을 전하고 있는 입장이기에 온 몸과 마음으로 체득하고 있기 때문입니다. 하지만 저는 여성의 모습으로 살아가는 비구니이기도 합니다. 그렇기 때문에 수많은 경전 가운데 유일하게 여성이 사자후한 승만경에 대한 관심이 남다를 수밖에 없습니다. 여성이라면 누구나 '승만경'이라는 제목을 읽는 순간부터 감동할 것입니다.

21세기인 지금도 차별받는 여성이 많습니다. 인도의 경우는 더더욱 심합니다. 바라문교의 영향으로 사성계급을 공고히 다져놓은 인도사회에서 여성의 지위는 비참할 정도였습니다. 개명천지가 된 현대에도 인도사회에는 사성계급의 잔재가 남아 있고 여성들 또한 심한 차별을 받고 있습니다. 그런데 그 옛날에 여성이 성불하여 부처님 앞에서 부처님 대신 사자후를 설하고 부처님께 인정을 받았다는 것은 대단히 혁신적인 일입니다. 이 점만으로도 승만경이 우리에게 주는 메시지는 어마어마하게 큽니다.

> 다음생에 남자로 태어나 비구가 되겠다는
> 노스님의 말씀을 듣고 충격을 받다

저는 용인 화운사에서 행자생활을 했습니다. 풋풋한 행자시절에 겪었던 일이 생각나는군요. 불교와 불법과 수행에 대해서 잘 모르던 행자 때 제가 따르던 노스님이 계셨습니다. 그분은 천성이 고우시고 정말 자비로우셨습니다. 그분이 제게 아무 거리낌 없이 삭발을 맡기신 일을 떠올리면 지금도 감사한 마음이 샘솟습니다. 요즘은 편리하게 면도기로 삭발을 하지만 제가 행자 때만 해도 보기에도 무서운 삭도로 삭발을 했습니다. 아마도 제가 삭도로 삭발하는 마지막 세대였을 것 같은데, 아무튼 연륜이 쌓여 익숙하지 않으면 삭도로 삭발하는 것은 참으로 어려운 일이었지요.

그런데 저희 노스님께서는 "삭발하는 법을 배우고 익혀야 한다, 시간이 오래 걸려도 괜찮다, 크게 상처만 내지 않으면 된다"고 하시면서 당신의 머리를 맡기셨습니다.

삭발을 할 때는 먼저 삭도(削刀 : 머리 깎는 칼)를 면도날처럼 날카롭게 갈아야 합니다. 기왓장을 문질러서 가루를 내어 그 가루를 묻혀가며 칼날을 몇 십 번 문지르면 삭도가 거의 면도날 수준이 됩니다. 삭도로 위에서 밀면 머리가 깎입니다. 어른들이 하시는 것을 본 대로 살살 노스님의 삭발을 여러 차례 해 드리면서 삭도로 삭발하는 법을 익혔습니다.

그렇게 하나하나 세세하게 가르침을 주신 노스님을 어린 행자가 얼마나 좋아하고 따랐을지 상상이 되실 것입니다. 일 년 동안 그 바쁜 행자 노릇을 하면서도 노스님을 졸졸 따라다녔습니다. 항상 염주를 돌리시며 염불을 열심히 하시는 노스님께 어느 날 "노스님, 왜 그렇게 염불을 열심히 하세요?"라고 여쭈었습니다.

그런데 노스님께서 하시는 말씀이, "다음 생에 남자로 태어나서 비구가 되겠다는 서원을 세우고 염불을 한다"는 것이었습니다. 저는 그때 노스님 말씀이 무슨 뜻인지 잘 몰랐습니다. 하지만 어린 마음에 '여자는 안 되나? 비구가 되어야 하나?' 하는 생각이 들면서 약간 충격을 받았습니다. 한 해 두 해 지나 철이 들면서 또 수행을 하면서 망상이나 분별이 좀 많아지게 되었고, 여성 불교에 대해서 관심이 많아졌습니다.

불가佛家에서
여성은 열등한가

저는 자연스럽게 대학에 다니던 70년대에 여성 불교에 대해 천착했습니다. 「석림」지에 '여성은 불가佛家에서 열등한가?'라는 제목의 논문을 쓰기도 했습니다. '열등한가?'라고 물음표를 붙였을 때는 무슨 뜻인지 아시겠지요? 저는 논문을 쓰면서 '역사적으로 불교가 핍박받았던 조선 시대 그 어려웠던 시절에 여성 불자들은 어떤 역할을 했을까?'에 관해서 관심을 갖고 연구했습니다.

지금은 인간뿐만 아니라 모든 존재의 절대평등성을 말씀하신 부처님의 뜻을 알기 때문에, '여성이다 남성이다'라는 것에 대해서 별로 관심이 없습니다. 또한 그러한 분별이 별 의미가 없다는 것도 잘 압니다. 그런데 뜻밖에도 제게 제대로 수행 길을 안내해 준 사람은 남성인 비구스님이었습니다.

저는 출가하고 강원 공부를 하고나서 대학에 다녔습니다. 일반 학생들은 졸업을 앞두고 대부분 취업이나 결혼에 대한 고민을 할 것입니다. 그런데 수행자인 저는 '어떻게 수행하는 것이 좋을까? 어떤 수행자의 길을 평생 잘 걸어갈 수 있을까'를 고민했습니다. 그러다가 우리나라에서 기도처로 유명한, 비구스님이 주지로 계시는 절에 기도를 하러 갔습니다. 어린 비구니가 비구스님 절에 혼자서 기도하러 가는 것은 계율에 맞지 않기에 사형님 두 분과 같이 갔습니다.

정말 신심 나는 분위기였습니다. 기도하는 스님의 염불 소리도 신심이 나고 주변 환경 모든 것이 신심이 났습니다. 사실 본인이 신심이 나고 간절하고 중요한 사안을 놓고 기도할 때는 개미 소리를 듣고도 신심이 납니다. 그런 느낌을 이해하시겠습니까? 본인이 신심이 충만할 때는 풀잎에 맺힌 이슬에도 감동하고 눈물이 날 정도로 감사하게 됩니다. 이것은 뭘 의미하는 것일까요?

아무튼 신심이 충만했던 그 시절에 제가 그 법당에서 기도를 마치고 새벽에 숙소를 향하여 산길을 30분 정도 내려오는데 그 기분이 어떠했겠습니까? 온 산하가 맑고 텅 빈 듯했습니다. 한 걸음 한 걸음 발걸음을 내디디며 내려오는데 발길 닿는 땅이 얼마나 청정하게 느껴지던지 그야말로 천수경의 '도량청정무하예'라는 구절처럼 도량이 맑고 맑아 더러움이라곤 하나도 없는 것 같았습니다.

그런데 그때 어두워서 잘 보이지는 않았지만, 비구스님 몇 분이 올라오고 있었습니다. 키가 매우 큰 구척장신의 비구스님이 올라가시다가 산길을 내려오고 있던 저를 보시더니 "여자가 백 년을 해 봐라"라고 하시는 것입니다. 그 말은 "여자가 100년을 기도, 수행해도 이룰 수 없다"는 얘기입니다. 바로 그때 제가 어린 행자 시절에 '다음 생에 비구가 되겠다'는 서원을 세우고 기도를 하신다는 노스님의 말씀이 새삼스레 떠올랐습니다.

곧바로 서울로 올라와 학교 도서관에서 자료를 찾았습니다. '정말 여성은 불가능한 것인가?' '부처님은 여성을 어떻게 보셨을까?' '여성은 백 년을 해도 안 되는 것일까?' 자료를 찾기 시작하고 논문을 썼습니다.

논문 제목은 '여성은 불가에서 열등한가?'로 정했습니다. 그렇지 않다는 내용을 담은 논문이었지요. 이미 70년대에, 여성 불교라는 단어조차 생소할 때 그러한 생각을 하고 문제 제기를 할 수 있도록 정신을 일깨워 주신 그 비구스님께 지금도 감사한 마음이 듭니다.

그래서 그때부터 여성이 설한 경전인 승만경에 대해서 남다른 관심을 갖게 된 것입니다. 승만경에 대해서 관심을 가지고, 승만경이나 승만 부인의 삶과 경전 탄생의 배경에 관심을 갖는 것은 결국 나 자신의 삶에 관심을 갖는 것입니다. 저뿐만 아니라 여성, 더 나아가 세상 모든 분들 또한 삶에 깊이 관심을 갖고 자기 삶을 승화시키기 위해서는 반드시 승만경의 가르침을 체득하셔야 한다고 봅니다.

승만경은 우리도 부처님과 똑같이 여래의 씨앗을 갖추고 있는 존재로 부처가 될 수 있다는 여래장사상, 일승 사상을 확실하게 드러낸 경전입니다. 여성뿐만 아니라 우리 모두에게 부처가 될 수 있다는 희망을 주고, 승만 부인의 10대 서원을 통해 부처로 살아갈 수 있는 실천법을 구체적으로 제시하고 있는 경전인 것입니다.

그래서 저는 기회만 있으면 불자들과 함께 즐거운 마음으로 승만경을 읽고 참뜻을 참구해 가고 있습니다. 특히 여성 불자들이 승만경을 수지 독송하면서 실천한다면 본인은 물론이고 우리 사회의 밝은 미래를 위해서 대단한 동력이 되리라 생각합니다. 여성의 수행과 삶, 여성 불교의 대표적인 경전인 승만경에 대한 관심이 커지면서부터 새로운 원을 세웠습니다.

> '승만경을 읽는 공덕으로 여성이 행복한 사회, 여성이 행복한 대한민국이 되어지이다.'
> '여성이 행복한 대한민국, 더 나아가 이 지구 전체가 평화로워지이다.'

저의 원입니다. 여성이 행복하지 않으면 절대 남성이 행복할 수 없습니다. 세상의 모든 사람들은 여성, 어머니에게서 태어났고 대부분 어머니의 보살핌을 받고 자랍니다. 몸과 마음이 건강하고 행복한 여성이 있는 가정에서 정말 건강하고 행복한 가족이 있고, 모든 사람들이 평화롭게 살 수 있습니다. 여성이 행복한 대한민국, 행복 에너지가 충만해지면 이 지구 전체가 평화로워집니다.

승만 부인이
최고의 가르침을 설하다

대부분의 경전의 가장 중요한 의미는 경전 제목에 거의 다 드러나 있다 해도 과언이 아닙니다. 승만경도 마찬가지입니다. 승만경은 승만부인경으로도 불리고 있는데, 승만경의 정식 이름은 '승만사자후일승대방편방광경勝鬘獅子吼一乘大方便方廣經'입니다. 글자 그대로 풀이하면, 승만 부인이 사자같이 우렁찬 음성으로 일승一乘 (최고의 가르침)인 대방광방편경을 설했다는 뜻입니다.

불교에는 팔만사천대장경이라는 말에서 엿볼 수 있듯 수많은 경전이 있습니다. 부처님께서 설하신 것을 경전이라 하는데, 부처님께서 설하지 않았는데도 경전이라 이름 붙인 것은 유마경과 승만경, 밀린다왕문경, 육조단경 정도에 불과합니다. 그런데 승만경은 남존여비사상이 팽배한 시대에 출가수행자도 아니고 재가여성 불자인 승만 부인이 설한 경전입니다. 그것만으로도 매우 독특하고 혁신적인 경전이라 할 수 있습니다.

사자후獅子吼는 짐승의 왕인 사자가 포효하는 소리에 모든 짐승이 굴복하여 엎드리는 것처럼 부처님의 우렁찬 설법을 듣고 천상과 인간의 모든 존재가 엎드려 귀의하는 것을 비유한 것이지요.

일승대방편방광경一乘大方便方廣經, 이 일곱 글자에 승만경의 사상이 고스란히 담겨 있다고 할 수 있습니다. 일승一乘이란 다른 말로는 불승佛乘 또는 일불승一佛乘이라고도 하는데, 가장 탁월한 가르침, 뛰어난 가르침, 제일第一의 가르침이라는 뜻으로 이승二乘과 삼승三乘의 대칭어입니다. 이승은 성문승聲聞乘과 연각乘緣覺乘을 가리키고, 삼승은 성문승·연각승, 그리고 보살승菩薩乘을 가리킵니다.

여기서 말하는 성문승과 연각승은 소승을 뜻합니다. 그리고 보살승은 대승입니다. 이승과 삼승을 위한 가르침도 훌륭하지만, 일승에 비해서 낮은 가르침이라는 의미로 쓰입니다. 비유하자면, 이승인 성문승과 연각승은 각각 초등학교와 중학교, 보살승은 고등

학교, 그리고 일승은 대학이나 대학원 석박사과정의 가르침이라
할 수 있습니다.

승만 부인은
누구인가?

앞에서도 잠깐 언급했듯이 승만경이 출가하지 않은 여성 불자
가 설한 경전이라면, 유마경, 즉 유마힐소설경維摩詰所說經은 출가
하지 않은 재가 남성이 설한 경전입니다.

사실 승만경보다는 유마경이 더 많이 알려져 있지요. 근래에는
불교여성개발원에서 승만경을 소의경전으로 정한 이후 많은 불
자들, 특히 여성 불자들이 관심을 갖는 경전입니다.

승만경은 대승경전의 핵심 사상인 여래장 사상을 설한 경전인
데, '승만 부인'은 도대체 어떤 분일까요? 부처님께서도 승만 부인
의 실력을 인정하셨다고 하니 정말 대단하다고 말하지 않을 수 없
습니다.

승만 부인은 인도 최상위층인 공주 출신으로 아버님은 꼬살라
국의 파사익 왕이고 어머니는 말리 부인입니다. 꼬살라 국은 마
가다 국과 함께 부처님 당시 가장 부강한 나라였습니다. 인도 대
륙 동쪽에는 마가다 국, 서쪽에는 꼬살라 국이 있었고, 그 사이에
작은 나라인 카필라 국이 있었습니다. 카필라 국은 부처님의 부
친인 정반왕이 다스리는 나라였는데, 두 나라에 비하면 약소국이

었지요.

마가다 국의 수도는 우리가 잘 아는 왕사성입니다. 왕사성 영축산은 법화경을 설하신 장소로도 유명합니다. 꼬살라 국의 수도는 사위성인데, 사위성의 기원정사는 금강경을 설하신 곳입니다. 법화경과 금강경은 대승경전으로서 우리에게 친근한 경전입니다. 이 두 경전이 각기 마가다 국과 꼬살라 국의 수도에서 설해졌다는 것도 시사하는 바가 큽니다.

마가다 국의 빔비사라 왕은 불교를 적극적으로 옹호했던 왕으로 경전에도 그 이름이 자주 나옵니다. 빔비사라 왕의 부인은 위제희 왕비로 그녀는 꼬살라 국 파사익 왕의 여동생으로 승만 부인에겐 고모가 됩니다. 그리고 파사익 왕의 부인인 말리(빗바카티 왕비)는 정반왕(부처님 부친)이 다스리고 있는 카필라 국 출신입니다. 한편 파사익 왕에게는 아들과 딸이 있었는데, 아들의 이름은 유리왕이고 딸이 바로 승만경의 설주說主인 '승만'입니다. 당시 승만은 아유타국의 우칭왕과 결혼했기 때문에 '부인'이라고 한 것입니다. 다음부터는 '승만 부인'이라고 부르겠습니다.

누구나 다 여래가 될 수 있는 씨앗을 가지고 있다

승만경은 승만 부인이 부처님의 가르침을 듣고 수행하여 깨달은 바를 부처님 앞에서 설하고, 부처님께서 이를 인정하시는 형식으로 구성되어 있습니다. 전체 15장으로 승만 부인이 10대 서원과 3대 서원을 세우고 올바른 가르침을 받아들이는 것에 관해 설하고 있습니다.

승만경은 위에서도 잠시 언급했듯이 부처님께서 직접 설하신 것이 아니라 승만 부인이 부처님께 말씀드리면 다 들으시고 '그래, 옳다' 하시며 인가해 주신 겁니다. 그래서 원래 성인의 말씀에만 경經을 붙이는데, 승만경처럼 부처님께서 승만 부인의 말을 들으시고 옳다고 인정하신 것은 부처님이 하신 말씀과 똑같다고 보고 경經 자를 붙인 것입니다.

승만경은 여래장 사상을 설하는 동시에 삼승三乘이 아니고 일승一乘을 설한 경전입니다. 이 일불승一佛乘의 사상을 두드러지게 나타낸 또다른 경전이 바로 법화경法華經입니다. 법화경이 삼승을 모아서 일불승으로 돌아가게 한 회삼귀일會三歸一의 사상이라면 승만경은 그 일불승사상을 이어 받아서 대승경전의 대표적 사상인 여래장如來藏 사상을 설하고 있는 경전입니다.

여래장 사상은 '누구나 다 여래(부처)가 될 수 있는 씨앗을 간직하고 있다'는 뜻입니다. 즉 누구나 수행하면 진리적·인격적으로 여래(부처님)가 될 수 있다는 사상입니다. 매우 희망적이고 긍정적인 가르침이지요.

다만 여래가 될 수 있는 씨앗 즉 여래장이 번뇌에 오염되어 있으므로 그 오염을 제거하기만 하면 된다는 것입니다. 즉 흰옷을 처음 샀을 때 본래는 깨끗한 흰옷인데, 얼마간 입으면 때가 묻어서 누렇게 됩니다. 더러워진 옷을 빨면 또 깨끗해집니다. 옷을 빠는 것이 수행입니다.

달이 구름에 가려져 있는 것과 같은 현상에 비유할 수도 있습니다. 바람이 불어서 구름이 사라지면 달빛이 아름답게 빛납니다. 다른 말로는 불성佛性사상이라고도 합니다. 수행하여 깨달으면 누구나 다 부처님같이, 성인聖人이 될 수 있다는 것은 매우 놀라운 혁신적인 사상입니다. 타종교에는 이런 사상이 없습니다. 이것이 불교의 장점이고 매력입니다. 누구나 다 대통령이나 국회의원 등에 출마할 수 있는 자격이 있다는 것이 좋습니까? 옛날 군주제처럼 오로지 대물림해 받은 군주의 통치를 무조건 따르는 것이 좋습니까?

여래장, 불성사상에 대해서는 우선 이 정도만 말씀드리고 뒤에 해당 내용이 나올 때 자세히 말씀드리겠습니다.

아만의 산을 꺾고 공덕의 숲을 기르다

불교에서는 경전 강의를 칭하여 보통 '00산림山林'이라고 합니다. 법화경 강의를 '법화경 산림,' 금강경 강의를 '금강경 산림'이라고 하듯이, 승만경 강의는 '승만경 산림'이라고 하겠습니다.

산림은 '최파인아산摧破人我山, 장양공덕림長養功德林'에서 뒷 글자만 따온 말입니다. 인아산人我山을 꺾어 부수고 공덕의 숲을 기른다는 뜻입니다. 인아산은 '나다 너다' 하는 고집, 아만심, 즉 자기는 최고라 여기고 남을 업신여기는 마음, 타인은 자기보다 못하다는 차별심을 뜻합니다. 그런 마음이 산과 같다고 해서 인아산人我山이라고 하는 것입니다. 장양공덕림은 말 그대로 길이 공덕의 숲을 기른다는 뜻입니다.

이 책을 처음 접하는 이 순간 승만경 산림이 시작되는 것입니다. 우리가 하는 산림, 특히 여성 불자인 주부들은 부엌 산림, 집안 산림, 차茶 산림 등 모두가 다 중요하지만, 그 가운데서도 지금부터 하는 승만경 산림은 아주 독특한 산림입니다. 이보다 더 큰 이익과 공덕이 되는 산림은 없습니다. 이제 이익과 공덕이 엄청나게 늘어나는 승만경 산림을 해 봅시다.

초심初心 · 중심中心 · 종심終心, 첫 마음도 중간 마음도 끝마음도 한결같은 마음으로 이 책을 즐겁게 읽어나가면서 승만경의 가르침을 체득하셨으면 합니다.

제1장

여래의 진실한 공덕

如來眞實義功德

부모님의 편지를
받다

이와 같이 나는 들었다.

한때 부처님께서는 사위국舍衛國의 기수급고독원祇樹給孤獨園에 머무르고 계셨다. 그때 파사익波斯匿(Prasenajit) 왕과 말리末利 부인은 부처님의 가르침을 믿은 지 얼마 되지 않았으나, 서로 함께 말하였다.

"승만은 우리 딸이지만, 총명하고 지혜로우며 근본이 뛰어나서 금방 쉽게 깨달을 것입니다. 부처님을 뵈옵기만 한다면, 반드시 가르침을 잘 이해하여 마음에 의심이 없는 경지를 얻을 것입니다. 마땅한 때에 편지를 보내서 승만의 보리심[道意]을 발하게 합시다."

부인이 사뢰어 말했다.

"지금이 바로 그 때입니다."

왕과 부인은 승만에게 보내는 편지에서 여래의 한량없는 공덕을 간단히 찬탄하였다.

그리고는 곧 궁녀를 보냈는데 그 이름이 전제라(Chandra)였다. 그 사자使者는 편지를 받잡고 아유타 국에 이르러서 그 궁전 안에 들어가 승만에게 드렸다.

자녀에게 무엇을 물려줄 것인가?

승만경은 15장으로 구성되어 있으며 첫 번째 장章이 여래진실의공덕장如來眞實義功德章입니다.

파사익 왕이 세속을 다스리는 왕이라면 부처님은 출세간을 다스리는 법왕法王이라 할 수 있습니다. 파사익 왕은 부처님과 동년배였지만, 부처님을 존경하는 제자로서 스승인 부처님께서 가르침을 펴시는 데 아주 큰 공헌을 했습니다.

승만경의 1장도 파사익 왕이 총명한 딸 승만에게 부처님의 법을 전하는 내용의 편지를 보내기 전에 말리 부인과 의논하는 것으로 시작됩니다. 말리 부인도 그 자리에서 바로 동의하고 궁녀를 시켜 편지를 보냅니다.

딸을 생각하는 부모, 진리를 딸에게 전하는 것을 서로 의논하는 장면을 보면서 미소가 절로 지어집니다. 전법의 중요성은 물론이려니와 부부가 서로 존중하며 평등하게 의견을 나누는 한 장면,

한 장면이 감동적입니다. 오늘날도 부부지간에, 특히 최고 권력자에게서 이러한 모습을 보기 어려운데, 가장 이상적이고 모범적인 부부상, 불자상을 보여주고 있습니다.

한편 당시 아유타 국의 우칭왕과 결혼해서 살고 있던 승만 부인은 부모님이 보낸 편지 한 통 덕분에 인생이 180도로 바뀝니다.

편지의 내용은 아주 간결합니다. 승만 부인의 부모님이 어느 날 부처님께 설법을 듣습니다. 부처님의 설법을 듣고 나서 깊은 감명을 받고 부처님께 귀의합니다. 동시에 부처님의 무량한 공덕을 찬탄하면서 마음속으로 생각했습니다.

'선근이 있고 착한 승만이 나와 함께 이 법회에서 부처님 법문을 들으면 얼마나 좋을까' 하고 생각한 것입니다.

사실 승만 부인의 어머니는 아유타 국으로 승만을 시집 보내고 나서 늘 보고 싶었습니다. 그러나 예나 지금이나 이웃 나라로 시집 간 딸을 보기란 쉽지 않았겠지요. 보고 싶으나 오라고 할 수도 없고 마음대로 가서 볼 수도 없는 상황이었습니다. 그래서 더욱더 딸 승만에 대한 그리움이 컸던 것입니다. 게다가 딸 승만은 매우 총명하고 지혜로웠습니다.

"승만은 우리 딸이지만, 총명하고 지혜로우며 근본이 뛰어나서 금방 쉽게 깨달을 것입니다. 부처님을 뵙기만 한다면, 반드시 가르침을 잘 이해하고 마음에 의심이 없는 경지를 얻을 것입니다. 마땅한 때에 편지를 보내서 보리심을 발하게 해야겠습니다."

　부친 파사익 왕과 어머니 말리 부인은 이렇게 서로 이야기하고
는 딸 승만에게 편지를 써서 보냈습니다. '전제라'라는 궁녀가 편
지를 가지고 직접 승만 부인을 찾아가 편지를 전달한 것입니다.

승만 부인, 기뻐하며 부처님께 귀의하다

승만 부인이 편지를 받고 기뻐하며 정수리까지 올리며 읽고 외우며 받아 지녀서 희유한 마음을 내고서, 전제라에게 게송으로 말씀하였다.

내가 듣건대, '부처님의 음성은
세상에 일찍이 없었던 일이라' 하니
그 말씀이 참으로 진실하다면
마땅히 공양을 닦아야 하리.

우러러 생각하건대, 부처님 세존께서
널리 세상을 위해 출현하셨다면
또 마땅히 불쌍히 여기셔서

나로 하여금 뵈올 수 있게 하시리.

이렇게 생각하자마자 부처님께서 공중에서 널리 청정한 광명을 비추시면서 비할 데 없는 몸을 나타내 보이셨다. 승만 부인 및 그녀의 권속眷屬들이 그들의 얼굴과 머리를 부처님 발에 대면서 예배하고, 모두가 청정한 마음으로 부처님의 진실한 공덕을 찬탄하였다.

| 부모님의 말씀에
| 마음이 흔들리다

부모님의 편지를 받은 승만 부인의 기뻐하는 모습이 그려집니다. 승만 부인이 부모님을 얼마나 존경하는지 알 수 있는 대목이기도 합니다. 누구든 존경하는 사람의 말은 100% 믿기 마련입니다. 존경하고 신뢰하는 부모님의 말씀은 승만 부인의 마음을 완전히 흔들었지요.

그뿐만 아니라 승만 부인이 상근기라는 것을 알 수 있습니다. 이 책을 즐겁게 읽는 우리도 승만 부인과 마찬가지로 대승을 믿는 상근기上根機라 할 수 있습니다. 상근기는 타인에 대해 말하지 않습니다. 상근기는 주로 자기 자신에 대해서 말하고 부처님 법에 대해서 말합니다. 중근기中根機는 다른 사람을 의식하면서 남에 대해서 말합니다. 즉 반신반의半信半疑하는 것입니다. 하근기下根機는 대승을 믿지도 않고 비방을 합니다.

상·중·하 근기를 구분하는 방법은 아주 쉽습니다. 평상시 부처님 경전을 읽고 법에 대해서 주로 말하고 생각하면 상근기입니다. 상근기는 듣자마자 신심을 내고 귀의합니다. 상근기는 어떤 경계를 만나도 늘 자기 자신을 성찰하고 법에 대해서 생각합니다. 화가 날 때에도 관세음보살님과 부처님 입장에서 생각하면 상근기입니다. 부처님 입장에서 생각하면 금방 해결책이 나올 것 같지 않습니까? 그래서 수행이 필요한 것입니다.

| 꿈을 크게 가질수록
| 크게 이루어진다

승만 부인은 부처님을 뵌 적도 없고, 직접 법문을 들은 적도 없지만, 오로지 부모님의 말씀에 따라 부처님께 귀의하고 위와 같이 게송을 짓고, 마음속으로 이렇게 다짐을 한 것입니다. 이것을 승만 부인의 신심, 귀의라고 합니다. 승만 부인은 이렇게 귀의하면서 바로 열 가지 원을 세웁니다. 우리가 무엇이든지 시작할 때는 원이 필요합니다.

승만 부인이 생각하자마자 부처님께서 광명을 비추시면서 나타나시고, 승만 부인과 권속들은 부처님께 예배하고 공덕을 찬탄하는 대목입니다. 저는 이 내용에서도 연기법이 그려집니다. 제가 지금 승만경에 대해 말씀드리고 있는데 독자들이 이 책을 선택하지 않았다면 이 책이 무용지물이 됩니다. 여러분이 이렇게 읽고 있는 덕분에 이 책이 존재하는 것입니다. 이것도 모두 연기법緣起法입니다. 서로가 마음을 낼 때 좋은 인연이 이루어집니다. 교리적으로는 연기법이라고 하지만 보통 불교에서는 인연이라고 합니다. 인연은 양쪽이 모두 의지하고 있어야지 절대로 어느 한쪽으로만 이루어지는 것은 아닙니다. 부부나 가족, 종교 관계도 마찬가지입니다. 이렇게 훌륭한 인연법으로 인해서 이 지구는 잘 돌아가고 있습니다.

삶과 자연의 이치, 즉 연기법을 깨달아서 '이것이 법이다. 진리다'라고 선포하신 분이 바로 부처님이십니다. 물론 부처님이 깨달으신 이전에도 연기법은 있었지만, 그것을 발견하여 알려주신 분이 부처님이십니다. 부처님께서 알려 주셨기 때문에 우리가 이렇게 수행하고 있습니다.

이런 인연법에 의해서 처음 만났을 때 승만 부인도 '아, 그렇구나' 하고 곧장 부처님께 귀의하면서 원을 세웁니다. 그것이 바로 승만 부인의 10대 서원입니다. 천수경의 여래십대발원문, 과거 아미타불 전신인 법장 비구의 48가지의 원력願力에 대해 생각하면 이해가 쉬울 것입니다.

모든 부처님과 조사스님들의 생애를 살펴보면, 조사가 되고 부처가 되고 난 후에 원願을 세운 적은 없었습니다. 처음 시작할 때부터 원을 세웁니다. 나는 이런 원을 세우겠다고 고합니다. 크게 세우면 크게 세울수록, 요즘 말로 꿈이 크면 클수록 크게 이루어집니다.

부처님을 찬탄하며
예경하다

여래의 묘한 모습은
세상에서 더불어 같이할 이 없으며
비할 수 없으며 헤아릴 수 없으니
이제 공경하며 예배합니다.

여래의 모습이 다함없고
지혜 역시 또 그와 같으며
모든 진리는 영원하므로
저희가 귀의합니다.

마음의 허물과
몸으로 짓는 네 가지 악을 항복 받았으며

그들이 항복시킬 수 없는 지위에 도달하신
진리의 왕(法王)에게 예배하나이다.

모든 알아야 할 것은 다 아시고
지혜의 몸이 자재하여
모든 진리를 받아 지니셨으므로
이제 예경하나이다.

헤아림을 넘어서 계신 님께 예경하옵고
비유할 데가 없으신 님께 예경하오며
가이없는 진리에 예경하옵고
생각하기 어려운 님께 예경하나이다.

불쌍히 여기셔서 저희를 가호하시고
진리의 종자(法種)가 자라게 하소서
이 세상부터 다음 세상까지
부처님께서 언제나 거두어 주시기를 원하옵니다.

| 여성이 행복해야
| 사회가 행복해진다

거듭 강조하건대, 여성 불자가 설한 대표적인 경전이 승만경입

니다. 따라서 특히 여성 불자들은 평소에 승만경을 독송해야 합니다. 여성이 행복한 사회가 되어야 합니다. 여성이 행복하여야만 가정도 행복하고 대한민국도 행복하기 때문입니다.

여성이 행복하지 않으면 절대 남성이 행복하지 않습니다. 가정에서 부인이 아프면 남편도 바깥일을 제대로 수행할 수 없습니다. 주부의 몸과 마음이 건강하고 행복한 가정에서 가족이 평화롭게 잘 살 수 있습니다.

신라시대로 거슬러 가면 우리나라에는 선덕과 진덕, 진성 세 명의 여왕이 있었고, 현재 대한민국을 이끌어 가고 있는 박근혜 대통령은 헌정사상 최초의 여성 대통령입니다. 박근혜 대통령의 당선 후 첫 일성이 '국민 한 사람 한 사람이 행복한 100퍼센트 대한민국'이었던 것으로 기억하고 있습니다. 그 덕분인지 '행복한 대한민국'이라는 타이틀이 깊은 산중에 살고 있는 제게까지 익숙해지게 되었습니다.

저는 개인적으로 '행복한'이라는 말을 참 좋아합니다. 누구라도 행복을, 행복이라는 말을 싫어하는 이가 있으랴만 '훌륭한 수행자'보다는 '행복한 수행자'라는 말을 더 좋아한다는 말입니다. 풋풋한 행자 시절을 행복하게 보냈기에 지금까지도 내 생에 최고의 경력으로 기록되어 있기 때문에 그런지도 모르겠습니다.

저뿐만 아니라 세상에 살고 있는 모든 사람들은 행복하기를 원합니다. 그리고 지금 첫 여성 대통령이 이끄는 대한민국은 행복의 시대를 갈망하고 있습니다. 저 역시 여성 수행자로서 큰 관심을 가지고 기도하면서 간절하게 대한민국이 행복해지길 축원하고 있습니다.

그런데 행복은 여성 대통령이 탄생했다고 해서 이루어지는 것은 아닙니다. 단박에 모든 것이 이루어지고 만족할 수 있는 일은 없습니다. 진정으로 행복하기를 원한다면 그 원을 이루기 위해 개개인이 최선을 다해야 할 것입니다. 꿈과 희망, 행복이라는 단어는 결코 젊음의 전유물은 아닙니다. 생의 어느 지점에 있든 이 땅의 모든 사람들은 행복하고 원대한 꿈과 희망을 품을 수 있어야 합니다. 또 그렇게 되기를 간절히 기원합니다.

"얼음장 밑에서도 고기는 헤엄을 치고 눈보라 속에서도 매화는 꽃망울을 틔우듯…"이라는 어느 시인의 말처럼 설령 지금 당장 이루어지지는 못할 지라도 지금 당장 일자리가 만족스럽지 않더라도 희망을 키우며 최선을 다할 때 대한민국은 분명 행복해질 것입니다.

신라의 대표적인 향가에 충담 스님의 안민가安民歌가 있습니다. 안민가는 바른 왕도를 권계하기 위한 목적으로 지어졌지만 수사법이 간결하고 소박하면서도 친근하고 알기 쉬운 비유를 들고 있어 설득력이 높고 그 안에 담긴 교훈도 울림이 큽니다.

임금은 임금답게, 신하는 신하답게, 백성은 백성답게 한다면 나라가 태평하리라는 안민가의 교훈이 새록새록 다가옵니다. 물물物物이 각득기소各得其所라는 말처럼 물건 물건마다 놓여야 할 자리가 있습니다. 그 장소에 그 물건이 바르게 놓여야만 환경이 안정됩니다. 주변환경이 안정되었을 때 거기에 몸담고 살고 있는 사람, 모든 생명들이 안락하고 행복해질 것입니다. 대한민국이 진정 '행복한 대한민국'이 되려면 우리 모두가 서로 너그럽게 받아들이고 이해하면서 공동선을 향하여 노력할 때 가능할 것입니다.

저는 늘 조석으로 예불할 때마다 부처님 전에 서원을 올립니다.

> '행복한 대한민국, 여성이 행복한 대한민국,
> 여성이 행복하여 지이다.
> 이 지구 전체가 평화로워 지이다.'

이것이 제 서원입니다. 그냥 단순한 원이 아니라 간절하게 바라는 원입니다. 정말 행복한 대한민국이 된다면 이 지구의 모든 인류가 다 평화로워질 것입니다. 그래서 늘 승만경 산림에 들어갈 때마다 원력을 세웠습니다. 한편 승만 부인이 별다른 의심을 하지 않고 곧바로 귀의하는 것을 명심하는 것이 아주 좋습니다.

또한 칭찬을 받으면 기분은 좋지만 거기에 빠지지 않습니다. 저만 그런 것이 아니라 이 책을 읽는 분들이 모두 인식하고 있을 것입니다. 우리는 찬탄이나 비난에 대해서 그다지 흔들림이 없습니다. 이것을 무주상無住相이라고 합니다. 상에 머물지 않는다는 것은 얽매이지 않는다는 것을 뜻합니다. 당연히 승만은 부처님 말씀을 전해 듣고 깊이 귀의하고 찬탄을 합니다. 아주 작은 일이라 할지라도 긍정적이고 좋은 마음을 냈을 때 시작하게 되고 원하는 대

로 이루어지기 쉽습니다. 부정적인 생각을 하면 아무것도 이루어
지지 않습니다. 우리는 이미 부처님께 깊이 귀의하고 찬탄하고 있
다는 것을 먼저 가슴에 새겼으면 합니다.

부처님께서 말씀하셨다.

내 그대를 편안케 한 지 이미 오래이니
전생에 이미 깨달음을 얻었으며
이제 다시 그대를 또 거두어 주노니
미래의 생에서도 역시 그러하리라.

다시 승만 부인이 사뢰었다.

제가 이미 공덕을 지었으며
현재 및 다른 세상에서도
이러한 모든 선의 근본을 심겠사오니
오직 저를 거두어 주시는 모습을 뵙고자 하나이다.

우리는 모두
여래의 씨앗

　부처님께서 분명히 말씀하셨습니다. 부처님께서 우리들 모두에게 전생에 이미 깨달음을 얻었고, 미래의 생에서도 역시 그러하리라고 말씀하신 것에서 우리는 자긍심을 가져야 합니다. 부처의 성품 즉 불성을 지니고 있다고 생각하고 수행하는 것이 바로 일승一乘 · 여래장如來藏 사상이고, 승만경은 여래장 사상을 설하고 있는 대표적인 경전입니다.

　우리는 모두 여래如來의 씨앗입니다. 싹이 얼마나 발아되었는지는 개인마다 차이가 있겠지만 우리 모두는 부처님의 씨앗입니다. 부처님의 씨앗을 발아시키기 위해서는 여러 가지 조건이 형성되어야 합니다. 햇살도 있어야 하고 물도 있어야 하고, 공기도 있어야 합니다. 새싹이 틀 때 필요한 조건이 있어야 하는 것처럼 여래의 씨앗인 우리가 여래가 되려면 수행과 인연이 필요합니다.

　그리고 신심信心이 있어야 합니다. 신심이 깊으신 분은 수행도 열심히 잘하지만 보시도 잘하고 108배도 잘합니다. 삼천배도 잘하는데 그것은 모두 다 신심이 있기 때문입니다. 그리고 무엇보다 진정한 신심은 '여래의 씨앗을 갖고 있다'는 믿음입니다. 이런 자긍심을 굳게 가지고 믿어 의심치 않는 것을 신심이라고 합니다.

　『대승기신론』에서는 네 가지 신진여信眞如, 즉 진여에 대한 네 가지 믿음이 있다고 했습니다. 그 가운데 제일의 신심은 내가 부처임을 믿는 것, 내가 진여를 갖고 있다는 사실을 믿는 것입니다. 망홋, 거짓이 없는 것이 진眞이고 불변, 흔들림·변함이 없는 것이 여如입니다.

우리는 승만경을 읽으면서 '나는 상근기이고 나는 여래이고 내가 곧 승만이다'라는 자긍심과 큰 신심을 내야 합니다. 그러면 이 풍진 세상을 사는 데 흔들림 없이 정말 당당하고 행복한 불자로서 살아갈 수 있습니다.

요즘 세간에서는 혹 불교에 대해 안 좋은 소식이 들리면 자신은 불자가 아닌 것같이 행동하는 사람이 있습니다. 또한 불자에 대한 혹평이 나돌거나, 기도 성취가 안 되거나 이런저런 이유를 붙여 개종을 생각하거나 실제로 개종을 하는 분들도 있습니다. 하지만 신심과 자긍심이 분명하다면 아무리 안 좋은 소식을 접한다 해도 흔들림이 없습니다. 그와 같이 신심을 견고하게 하는 산림이 승만경 산림이라고 할 수 있습니다.

이번 기회에 신심도 다지고, 여성 불자가 지녀야 할 자긍심도 다지고, 또 개개인으로서도 근기를 상근기로 발전시키는 계기로 삼았으면 합니다. 절에 나가는 것도, 법회에 나가 법문을 듣는 것도 다 개개인의 정신적 발전을 위한 것입니다.

앞으로의 일에 대해 결정적으로 말씀드릴 수는 없지만, 어떤 경우에서라도 흔들림 없이 여성 불자로서 행복감과 자긍심을 가지고 살기 위해서라도 승만경에 대해 관심을 가질 필요가 있다고 봅니다.

수희찬탄의
공덕

그때 승만 부인 및 그녀의 모든 권속들이 얼굴과 머리를 부처님 발에 대면서 예불하자, 부처님은 대중들 가운데서 곧 예언〔受記〕하셨다.

"그대는 여래의 진실한 공덕을 찬탄하였다. 이러한 선근으로 말미암아서 마땅히 한량없는 아승지겁을 지낸 뒤 신들이나 사람 중에서 자재한 왕이 될 것이다. 모든 태어나는 곳마다 언제나 나를 보고 직접〔現前〕 찬탄하는 것이 지금과 같아서 다름이 없을 것이다.

마땅히 다시 한량없는 아승지의 부처님을 공양하기를 2만 아승지겁을 지나서 부처가 될 것이니, 이름을 보광普光 여래·응공·정변지라고 할 것이다. 그 부처님 국토에는 모든 나쁜 갈래〔惡趣〕와 늙음·병·쇠퇴·뜻에 맞지 않는 괴로움이 없으며,

또한 선하지 못한 악업의 이름도 없을 것이다.

그 나라의 중생들은 모습 · 힘 · 수명 · 다섯 가지 욕망 · 모든 소유물들에 있어서 쾌락하기가 타화자재천他化自在天보다도 더 뛰어날 것이다. 그 나라의 모든 중생은 한결같이 대승에 머무를 것이며, 선근을 닦는 모든 중생들이 그 나라에 모일 것이다."

승만 부인이 수기를 얻을 때, 그 곳에 있던 한량없는 중생과 모든 신과 사람들이 그 나라에 태어나기를 원하였으므로 세존께서 모두에게 예언하셨다.

"전부 마땅히 왕생할 것이다."

부처님도 기뻐하시는
수희찬탄

부처님께서는 승만 부인과 승만 부인의 권속들이 모두 다 장차 성불할 것이라고 예언하셨습니다. 그런데 "그대는 여래의 진실한 공덕을 찬탄하였다. 이러한 선근으로 말미암아서 마땅히 한량없는 아승지겁을 지낸 뒤 신들이나 사람 중에서 자재한 왕이 될 것이다. 모든 태어나는 곳마다 언제나 나를 보고 직접〔現前〕 찬탄하는 것이 지금과 같아서 다름이 없을 것이다."라는 내용을 보면서 어떤 생각을 하셨습니까?

부처님도 찬탄을 받으면 기뻐하신다는 것입니다. 찬탄을 받아야 법문도 하시고 수기도 해 주십니다. 오죽하면 찬탄한 선근으로 말미암아 자재한 왕이 되고 마침내 성불하리라 수기를 내려 주시겠습니까? 부처님께서는 중생들이 찬탄을 해야만 법문하셨습니다. 또한 가르침을 달라는 청請도 세 번 이상을 해야 법문을 시작하셨습니다.

여러 경전의 첫째 대목을 보면 대부분 부처님을 찬탄하고 부처님께 청법을 하는 식으로 전개되는 것을 보면 찬탄이 얼마나 큰 공덕인지 알 수 있습니다. 보현보살의 열 가지 행원에도 수희찬탄이 있습니다. 함께 따라서 기뻐하고 찬탄하는 공덕이 대단한 것은 그만큼 진심 어린 수희찬탄이 어렵기 때문일 것입니다. 나와 남이 서로 연결되어 있고 의지하며 살아가는 연기적 존재임을 확실히 알면 저절로 수희찬탄이 됩니다. 하지만 그렇지 못할 때 "사촌이 땅을 사면 배가 아프다"는 속담처럼 되는 것입니다.

승만경을 공부하는 사람들은 일차적으로 이런 마음에서 벗어나야 합니다. 이러한 마음은 순수한 여래장을 모르는 마음입니다. 내 속에 본래 깃들어 있는 여래를 인정하지 않을 때 이런 생각을 하고 이런 소리를 하는 것입니다. 내가 부처고 보살이고, 역시 남도 부처고 보살입니다. 지금 이 순간부터 나는 보살이요, 부처요, 승만이라고 다짐하고 원을 세우십시오. 또한 남도 나와 똑같은 보살이요, 부처요, 승만이라고 생각하십시오. 그렇게 되면 모두 다 찬탄하게 됩니다.

제가 아주 오래전에 머리가 새하얀 보살님을 찬탄하고 보시를 아주 많이 받은 적이 있습니다. 대부분의 보살님들은 머리가 하얗게 센 것을 부끄러워하면서 까맣게 염색을 합니다. 그런데 그 보살님은 하얀 머리 그대로 아주 당당하게 다니셨습니다. 그 모습이 정말 멋져서 진심으로 찬탄을 해 드렸는데, 그분이 생각지도 않게 제게 큰 도움을 주신 겁니다. 가난한 일본 유학시절에 정말 큰 힘이 되었습니다.

사람을 살짝 찬탄해도 이렇듯 좋은 인연으로 발전하는데, 부처님을 찬탄한 공덕은 얼마나 크겠습니까? 부처님께서도 허공중에서 찬탄을 다 받아들이고 예언을 하십니다. 이것을 공청이라고 합니다. 즉 수기나 마찬가지입니다. 부처님께서는 "그 나라의 모든 중생은 한결같이 대승에 머무를 것이며 선근을 닦는 모든 중생들이 그 나라에 모일 것이다"라고 하시면서 "그 나라에 태어나기를 원하는 이는 전부 왕생할 것이다"라고 예언하셨습니다.

이러한 부처님의 예언, 모든 이들이 부처가 되고 왕생할 것이라는 예언의 뿌리가 찬탄이요, 찬탄의 뿌리가 모두가 본래 부처의 씨앗을 갖추고 있다는 여래장 사상이요, 승만경은 여래장 사상을 펼치는 경전이라는 것을 일깨워주는 것입니다. 이런 대목은 확실하게 짚고 거듭 곱씹어서 완전히 체득해야 합니다.

제2장

열 가지
큰 서원

十大受章

승만 부인의
열 가지 큰 서원

그 때 승만 부인이 수기를 들은 뒤에, 합장하여 열 가지 큰 서원(大願)을 세웠다.

"첫째, 세존이시여, 저는 오늘부터 깨달음에 이를 때까지, 받아 지닌 계율에 대하여 범하고자 하는 마음을 일으키지 않겠습니다.

둘째, 세존이시여, 저는 오늘부터 깨달음에 이를 때까지, 모든 어른들에 대하여 오만한 마음을 일으키지 않겠습니다.

셋째, 세존이시여, 저는 오늘부터 깨달음에 이를 때까지, 모든 중생에 대하여 화내는 마음을 일으키지 않겠습니다.

넷째, 세존이시여, 저는 오늘부터 깨달음에 이를 때까지, 다른 사람의 신체 및 소유물에 대하여 질투하는 마음을 일으키지 않겠습니다.

다섯째, 세존이시여, 저는 오늘부터 깨달음에 이를 때까지, 나의 소유에 대해 인색한 마음을 내지 않겠습니다.

여섯째, 세존이시여, 저는 오늘부터 깨달음에 이를 때까지, 자신을 위해서 재물을 쌓아 두지 않으며 전부 가난한 중생들을 성숙시키는 데 쓰겠습니다.

일곱째, 세존이시여, 저는 오늘부터 깨달음에 이를 때까지, 자신을 위해서가 아니라 모든 중생을 위해서 사섭법四攝法을 행하겠습니다. 애착하지 않는 마음, 싫어하지도 않고 만족하지도 않는 마음, 걸림 없는 마음으로 중생을 거두어들이겠습니다.

여덟째, 세존이시여, 저는 오늘부터 깨달음에 이를 때까지, 부모가 안 계신 아이, 자식이 없는 노인, 죄를 짓고 갇힌 사람, 병든 사람 등 갖가지 고난으로 괴로움에 처한 중생을 보면 마침내 잠시라도 외면하지 않고 반드시 안온케 하겠습니다. 재물로써 이익케 하여 모든 고통을 벗어나게 한 뒤에야 외면하겠습니다.

아홉째, 세존이시여, 저는 오늘부터 깨달음에 이를 때까지, 동물을 잡아 기르는 등의 갖가지 올바르지 못한 생활 방편(惡律儀) 및 계를 깨뜨리는 것을 보게 되면 절대로 외면하지 않겠습니다. 제가 힘을 얻게 될 때는 어느 곳에서든지 마땅히 잘못을 항복 받아야(折伏) 할 사람에게는 항복 받으며 마땅히 용서해 줄 사람은 용서하겠습니다. 왜냐하면, 때로는 항복하고 벌함으로써 때로는 용서함으로써 가르침을 오래도록 머물게 할 수 있기 때문입니다. 가르침이 오래도록 머물게 되면, 신들과 다시 사람들의 몸으로 태어나는 사람은 늘어나고 나쁜 갈래(惡趣)에 가는 사람은 감소하게 될 것입니다. 능히 여래께서 굴리시는 바 법륜(法輪)에 따라서 부합하는 것입니다. 이러한 이익을 보기 때문에 구하여 거두어들임을 잠시도 멈추지 않겠습니다.

열째, 세존이시여, 저는 오늘부터 깨달음에 이를 때까지, 올바른 가르침을 받아들여서 마침내 잊지 않겠습니다. 왜냐하면, 가르침을 잊는다는 것은 곧 대승을 잊는 것이 되며, 대승을 잊는다는 것은 곧 바라밀을 잊는 것이 되며, 바라밀을 잊는다는 것은 대승을 구하지 않는 것이 되기 때문입니다.

만약 보살이 대승에 머무르지 않는다면 곧 능히 올바른 가르침을 받아들일 수 없을 것이며, 즐거워하는 바를 따라서 들어가고자 하나 영원히 범부의 경지를 뛰어넘을 수 없게 될 것입니다. 저는 이와 같이 한량없는 큰 잘못을 보며, 또한 미래에 올바른 가르침을 받아들일 보살마하살들의 한량없는 복덕을 보기 때문에 이러한 큰 서원을 세우는 것입니다.”

시공을 초월하여 정진하라

승만 부인이 ‘모든 이가 다 왕생할 것’이라는 부처님의 수기를 듣고 열 가지 큰 서원을 세우는 장입니다.

세월이 참 빠릅니다. 새색시가 시집 와서 김장을 서른 번만 담고 나면 늙고 마는 인생이라고 하는 말을 듣고 공감한 적이 있습니다. 이 책을 읽고 계신 분은 몇 번이나 김장을 담그셨습니까? 저는 운문사에 와서 심상한 햇수가 올해로 벌써 마흔네 번째입니다. 살아가는 동안 빠른 세월을 실감하지 못했는데, 정말 순식간에 흘렀습니다. 이렇듯 시간은 찰나간입니다. 20년, 50년, 100년을 사신 분도 지난 시간은 순간입니다.

그렇기 때문에 승만 부인처럼 서원을 세우고 열심히 정진해야 합니다. 다행히 우리에겐 부처님께서 이 세상에 계실 때 말씀해 주신 가르침이 경전으로 편찬되어 2,600년이 지난 지금 찰나에 우리에게 와 있는 것입니다. 모든 것은 법성게의 구절처럼 '일념즉시무량겁一念卽時無量劫'입니다. 즉 한 생각이 무량겁無量劫이고 무량겁이 한 생각이지요. 이것이 바로 대승불교大乘佛敎의 매력입니다. 김장한 횟수가 문제가 아니라 삼세三世가 온전히 통하므로 우리는 시간과 공간, 기쁨과 슬픔, 늙음과 젊음을 뛰어넘고 시공을 초월해서 공부해야 하는 것입니다.

저는 이 책의 제목처럼 『승만경을 읽는 즐거움』에 초점을 맞추고자 합니다. 경전 한 구절 한 구절의 뜻을 해설하기보다는, 다시 말해 나무보다는 숲에 더 치중하고자 합니다. 물론 나무도 보고 숲도 보면 더 좋겠지만, 일단 나무 한 그루 한 그루에 치중하다 보면 정말 중요한 것을 간과할 수도 있기 때문입니다. 하지만 승만 부인의 열 가지 큰 서원은 승만경의 핵심인 만큼 짤막하게라도 조목조목 짚고 넘어가겠습니다. 아무튼 승만경의 가르침을 체득해서 생활 속에 실천하겠다는 서원을 가슴에 새기고 읽어나가시길 빕니다.

주춧돌과 같은
계율을 잘 지키라

승만 부인의 10대 서원 중 첫째가 계율을 잘 지키겠다는 것입니다. 출가자든 재가자든 누구나 기본적으로 계율을 잘 지켜야 합니다. 한마디로 계율은 주춧돌과 같은 것입니다. 주춧돌이 부실하면 아무리 잘 지은 집이라 해도 순식간에 무너질 수 있습니다. 계율을 잘 지켜야만 그 종교가 지속적으로 발전할 수 있습니다.

요즈음 구인류 · 신인류라는 신조어가 생길 정도로 빠르게 변화하고 있습니다. 어른들이 젊은 사람들을 도저히 따라갈 수 없을 정도로 변화 속도가 빠른 사회일수록 어른의 권위가 떨어지기 쉽습니다. 실제로 "젊은 사람들을 따라갈 수 없어서 속상하다"는 호소를 하시는 분들이 아주 많습니다. 오늘날에 비하면 옛날에는 세월 속에 체득된 삶의 지혜를 가진 어른들이 존경받는 사회라고 생각하고 있었는데, 승만 부인의 10대 서원 중 두 번째가 어른들에게 오만한 마음을 일으키지 않겠다는 것을 보면서 미소가 지어졌습니다.

어른들 입장에서 "요즘 젊은 것들은 철이 없다"는 말을 자주 하는데 그와 마찬가지로, 젊은 사람들이 어른에 대해 존경보다는 오만한 마음을 일으키기 쉽다는 것을 경전에서도 잘 알 수 있습니다. 깨달음에 다가갈수록 역지사지가 제대로 되는 것입니다.

운문사에는 아주 유명한 큰 나무 몇 그루가 있습니다. 그중에서 500년이 넘는 은행나무는 보호수로 지정되어 있는데, 많은 사람의 사랑을 받고 있습니다. 저는 듬직하게 자리하고 있는 은행나무를 볼 때마다 '저 은행나무가 운문사 조실祖室이자 방장方丈'이라는 생각이 들었습니다. 500년 동안 변함없이 그 자리를 지키고 있으면서 운문사와 인연 있는 수많은 수행자들을 지켜보면서 무언의 법문을 해 주는 큰 스승이기 때문입니다. 한곳에서 그렇게 오랜 시간을 지킨 이도 없었고 봄·여름·가을·겨울 철철이 옷을 갈아입으면서 순간 순간 명법문을 해 준 이도 없기 때문입니다.

진리를 알면, 비단 어른뿐만 아니라 모든 사람, 모든 사물에게도 오만한 마음을 갖지 않게 됩니다. 수행을 하고 공부를 해서 자기 안의 여래장, 다른 이의 여래장을 알고 인연법을 깨치게 되면 저절로 오만한 마음이 일어나지 않는 것입니다.

자비롭게 바라보라, 화가 덜 날 것이다

첫째 계율, 둘째 오만한 마음을 일으키지 않겠다는 것에 이어 셋째로 손꼽힌 것이 모든 중생에 대하여 화내는 마음을 일으키지 않겠다는 것입니다. 화는 작은 불씨가 큰 집을 태우듯이 지금까지 쌓아온 공덕을 태웁니다. 나와 남을 모두 다 해롭게 하기 때문에 기본적으로 화를 다스려야 합니다. 상대방이 아무리 화가 나는 행동을 한다 할지라도 내 마음을 잘 다스리면 화가 나지 않습니다. 만일 상대방의 행동에 화를 낸다면 그 화가 상대방을 치기 전에 자기 몸을 상하게 합니다.

물론 무조건 참는다고 능사는 아니지만 화를 낸다고 해서 해결될 수 있는 것도 없고, 나와 남을 모두 다 해롭게 한다는 것을 인식하고 있다면 화가 날 때 조금 자제할 수 있을 것입니다. 특히 화를 잘 내는 분들을 보면 영리한 분들이 많습니다. 본인은 세상 돌아가는 것이 명쾌하게 보이는데 상대방은 잘 모르고 딴 소리를 하면 답답해서 마침내 화가 날 수도 있을 것입니다.

그래서 화를 잘 내는 분들에게 권하는 것이 자비관입니다. 자비롭게 보는 연습을 하는 것입니다. 자비관을 닦으면 답답한 상대방을 이해하게 되고, 이해하면 화가 나지 않습니다. 아무튼 열 가지 서원 가운데 화가 세 번째로 꼽힌 것만 봐도 그만큼 화를 내기 쉽고, 화를 다스리는 것이야말로 수행에 있어 아주 중요한 척도이기 때문입니다.

질투심만 버려도
행복지수가 올라간다

넷째, '나른 사람의 신체 빛 기타 소유물에 대하여 질투하는 마음을 일으키지 않겠다'고 했습니다. 예나 지금이나 남녀노소를 막론하고 질투심은 행복과 평화를 저해하는 요소입니다. 흔히 하는 말로 '부러우면 지는 거야'라고 하는데, 질투는 부러움보다 훨씬 더 부정적인 심리상태입니다. 아름다운 용모를 가진 사람, 많은 재물을 가진 사람과 비교하고 질투하면 자신의 행복지수만 떨어질 뿐입니다. 고민을 한다 해서 고민이 해결되지 않는 것처럼 질투심을 일으킨다 해서 원하는 것을 얻을 수는 없는 것입니다. 질투심만 버려도 행복지수가 쑥 올라간다는 것을 명심하셨으면 합니다.

10분 부처, 1시간 부처,
하루 부처

다섯째, '인색한 마음을 일으키지 않겠다'고 했습니다.

인색한 마음을 버리고
조건 없는 깨끗한 베풂을 실천하라.
이 세상에서나 저 세상에서나

기쁨은 항상 거기에 있느니라.

– 별역잡아함경

위의 경전 말씀에서도 엿볼 수 있듯 부처님께서도 인색한 마음을 버리고 베풂을 실천하면 늘 기쁨이 항상 함께한다고 했습니다. 앞의 다른 항목과 마찬가지로 우리가 홀로 존재하는 실체가 아닌, 서로서로 의지하고 연결되어 있는 연기적 존재라는 것을 안다면 인색하지 않고 늘 베풀면서 살아갈 것입니다. 베푼다는 말이 좀 오만하고 뭐랄까, 썩 좋은 느낌이 들지 않을 수 있습니다. 왠지 위에서 아래로 간다는 느낌이 있지요. 누군가 많이 가지고 있어서 자기보다 못한 이에게 준다는 느낌이 있기도 한 게 사실입니다. 그래서 깨달아야 한다는 것, 연기법을 깨닫고 나와 남이 둘이 아닌 하나라는 것을 확실히 아는 것이 중요한 것입니다. 그런데 깨닫지 못해서 확실히 모를 때는 일단 서원을 세우고 그 마음을 행동으로 연습하는 것이 중요합니다.

천년만년 살 것처럼 행동하면서 재물을 쌓아두고도 인색한 마음이 들 때, '아, 이러면 안 되지. 인색한 마음을 버리고 베풀어야지, 나누어야지' 하는 자각을 하면서 베풀면 깨달음에 부쩍 다가선 것입니다. 열심히 수행해서 진리에 어느 정도 다가갔다 해도 실천하지 않으면 도로아미타불입니다. 그것보다는 비록 깨닫지 못했더라도 깨달은 이의 행동을 한다면 그 순간 이미 그는 부처님의 화신이 된 것입니다. 이 책을 읽은 공덕으로 독자 여러분이 서원을 세우고 생활속에서 자꾸 자꾸 부처님의 행동을 실천해서 10분 부처, 1시간 부처, 하루 부처 등등 계속 부처로서의 시간을 늘려나가시면 이 몸 그대로 부처인 것입니다.

가져갈 것은
우리가 지은 업밖에 없다

여섯째, '자신을 위해서 재물을 쌓아두지 않으며, 전부 가난한 중생들을 성숙시키는 데 쓰겠다'고 했습니다.

우리가 사는 자본주의 사회는 극심한 경쟁사회입니다. 첨단산업의 발전으로 100세 장수시대에 들어섰다고 하는데, 축복처럼 여기지 않는 분들이 많습니다. 오히려 걱정이 늘어나는 형국입니다. 물질에 집착하라고 부추기는 사회, 미래를 대비해서 재물을 쌓아 놓는 법, 재테크를 잘하는 법에 집중하는 사회에서 재물을 쌓아 두지 않고 다른 사람들을 위해 쓰는 분들은 이미 진리를 어느 정도 깨닫고 집착에서 벗어난 경지에 계신 분들입니다.

대중매체를 통해 평생 동안 고생해서 쌓은 재물을 복지단체나 종교단체, 장학재단 등에 아무런 조건 없이 흔쾌히 기부하는 분들을 보면 진리를 깨달은 선지식처럼 보입니다. 세상의 이치를 아는 분들은 승만 부인처럼 자신을 위해서 재물을 쌓아 두지 않고 가난한 중생들을 성숙시키는 데 쓰기 때문입니다.

일곱째, '모든 중생을 위해서 사섭법四攝法을 행하겠다. 애착하지 않는 마음, 싫어하지도 않고 만족하지도 않는 마음, 걸림 없는 마음으로 중생을 거두어들이겠다'고 서원하는 승만 부인에게서 궁극의 자리에서 나온 보살행·불행佛行을 봅니다.

불보살이 중생을 구제하기 위해 실천하는 적극적인 네 가지 행동덕목이 바로 사섭법입니다. 보시섭은 상대방이 좋아하는 재물이나 법을 주어서 감동케 하여 거두어들이는 것이요, 애어섭은 부드럽고 온화한 말로 친해져서 거두어들이는 것이요, 이행섭은 말과 행동·뜻을 좋게 함으로써 중생을 이롭게 하여 거두어들이는 것이요, 동사섭은 상대방의 성격에 따라 변화해 가며 행동을 함께 하여 거두어들이는 것으로 사섭법은 매우 적극적인 중생 교화의 방법이라 할 수 있지요.

그런데 사실 우리가 내생에 가져갈 것은 우리가 지은 업밖에 없습니다. 지금 한창 무르익은 가을입니다. 아니 늦가을에 접어들고 있습니다. 늦가을은 눈에 보이는 모든 것들을 정리해서 뿌리로 돌아가는 계절이기도 하지요. 운문사 은행나무도 노란 보석 같은 잎을 달고 있다가 한순간에 다 떨어뜨렸습니다. 은행나무가 큰 법문을 하고 있는 것입니다. 낙엽을 떨구고 있는 나무도, 흐르는 물도, 저 산도 다 우리의 큰 스승입니다.

떨어지는 낙엽을 보면서 저 나뭇잎처럼 떨어져 텅 비는구나, 인생도 마찬가지라는 것을 깨달으면 삶에 대해 안달복달 매달리는 애착이나 미련을 떨쳐버리기가 훨씬 쉽습니다. 아기가 주먹을 꼭 쥐고 태어나듯이 사람은 누구나 움켜쥐는 마음이 강하지만 그것이 다 부질없는 생각임을 깨달아야 합니다. 한편 떨어질 때는 다 떨어지더라도 사는 순간까지 몸과 마음을 다 태우면서 열정적으로 살아야 한다는 것을 일깨워주는 경전이 바로 이 『승만경』이라는 깃도 잊지 마세요.

제가 승만경 강의를 하고, 이 책을 쓰는 데 작은 목표가 있다면 승만경을 읽는 동안 자기 자신을 성찰하는 좋은 기회가 되었으면 한다는 것입니다. 그러기 위해서는 승만경을 즐겁게 읽어야 합니다. 열심히 하는 사람보다 즐기는 사람이 더 큰 성취를 한답니다. 주위사람들을 보아도 또 여러 학자들의 연구결과도 증명하고 있는 사실입니다. 수능시험을 준비하는 학생이 공부를 즐겁게 하면 학업성적도 쑥 오를 뿐만 아니라 지켜보는 가족도 얼마나 즐겁고 편안하겠습니까.

그런데 현실은 그렇지 않은 일이 허다합니다. 살아가면서 의무적으로 해야만 하는 일도 많지요. 하지만 어차피 해야 할 일이라면 최대한 즐기는 마음으로 온 정성을 다할 때 어느 순간 그 일이 즐거워지고, 큰 성취를 하게 되고 행복감을 만끽할 수 있는 것입니다.

여덟째, '갖가지 고난으로 괴로움에 처한 중생을 보면 잠시라도 외면하지 않고 반드시 안온케 하겠습니다. 재물로써 이익케 하여 모든 고통을 벗어나게…' 하겠다고 서원합니다.

여러 경전에서 승만 부인의 여덟째 서원처럼 늘 사회적 약자를 보살펴주고 안온케 해 주라고 강조하고 있습니다. '재물로써 이익케 하여 모든 고통을 벗어나게' 해 주라는 말씀에서는 더욱 마음이 열리는 듯한 느낌이 들지 않습니까?

부처님께서는 이렇듯 승만 부인의 서원을 빌어 관념적인 설법이 아니라 실질적이고 구체적으로 도움을 주라고 당부하셨습니다. 배고픈 사람에겐 먼저 밥을 줘서 허기를 면하게 해야 합니다. 배가 고파서 정신이 없는 사람에게는 아무리 좋은 진리의 말씀을 들려 줘도 귀에 들어오지 않습니다. 배가 불러야 부처님 말씀도 귀에 들어오고, 마침내 자기 삶을 반조해서 궁극의 목표에 도달할 수 있는 것입니다.

| 정법을 받아들여
| 범부의 모습을 뛰어넘으라

아홉째, '마땅히 잘못을 항복 받아야(折伏) 할 사람에게는 항복받으며 마땅히 용서해 줄 사람은 용서하겠습니다. 왜 그러냐 하면, 때로는 항복시키고 벌함으로써 때로는 용서함으로써 가르침을 오래도록 머물게 할 수 있기 때문입니다. 가르침이 오래도록 머물게 되면, 신들과 다시 사람의 몸으로 태어나는 사람은 늘어나고 나쁜 갈래(惡趣)에 가는 사람은 감소하게 될 것입니다.'

이 아홉째 항목을 보면 2012년에 교수신문에서 올해의 사자성어로도 선정된 파사현정破邪顯正이 떠오릅니다. 원래 그른 것을 깨뜨리고 바른 것을 세운다는 뜻을 가진 파사현정은 대승불교를 일으켰다 해도 과언이 아닌 용수보살의 중관 사상에서 비롯된 용어입니다. 용수보살이 부처님께서 열반하신 뒤 사방에 난립했던 불교학파들의 갖가지 설과 외도들의 극단에 치우친 삿된 견해를 깨뜨리고 중관 사상으로 바르게 세운 데서 기원했는데 요즘은 사회에서 더 자주 사용하고 있습니다. 특히 법조계에서 많이 쓰고 있지요.

항복을 받고 용서를 해 주는 것이 정말 쉬운 일이 아닙니다. 좋은 게 좋다는 식이 결코 좋은 것만은 아니라는 것입니다. 잘못한 사람에게 확실히 잘못을 인식시키고 항복을 받고, 그러고 나서 용서해 줘야만 정법이 오래 머문다고 했습니다. 정법이 오래 머물러야 인간과 신들이 늘어나고 나쁜 갈래에 떨어지는 중생이 적어진다는 것이 중요합니다.

이것은 꼭 머나먼 미래의 일이 아닙니다. 우리가 사는 이 땅이 바로 지옥·축생·아귀·아수라·인간·천상이 혼재되어 있습니다. 지금 우리가 어떻게 살아가느냐에 따라 지옥을 체험할 수도 있고 천상의 신처럼 살 수도 있습니다. 그릇된 사람을 항복시키고 나서 잘못을 인식하면 용서해 주는 것, 파사현정이 필요한 것도 바로 그 때문입니다. 우리 사는 세상을 극락으로 만들지 지옥으로 만들지 다 우리 손에 달려 있습니다.

열째, '올바른 가르침을 받아들여서 마침내 잊지 않겠습니다. 왜냐하면, 가르침을 잊는다는 것은 곧 대승大乘을 잊는 것이 되며, 대승을 잊는다는 것은 곧 바라밀을 잊는 것이 되며, 바라밀을 잊는다는 것은 대승을 구하지 않는 것이 되기 때문입니다. 만약 보살이 대승에 머무르지 않는다면 곧 능히 올바른 가르침을 받아들일 수 없을 것이며, 즐거워하는 바를 따라서 들어가고자 하나 영원히 범부의 경지를 뛰어넘을 수 없게 될 것'이라고 하였습니다.

승만 부인의 서원처럼 올바른 가르침을 받아들였다면 절대 잊지 않아야 합니다. 절에 와서 법문 듣고 마음이 환해졌다가 절문 밖만 나서면 금세 다 잊어버리고 평상시처럼 돌아가면 안 된다는 것입니다.

대승을 잊지 말아야 한다는 데 방점을 찍으십시오. 대승은 소승小乘에 대립되는 말로 큰 수레라는 글자 그대로의 뜻에서도 엿볼 수 있듯 많은 중생을 태우고 깨달음의 세계로 운반해 준다는 뜻입니다. 또한 대승은 중생을 깨달음으로 이끌어주는 바라밀행을 강조하고 있습니다.

승만 부인의 열 번째 서원에 승만경의 핵심 내용이 다 들어 있습니다. 불자가 불자라고 할 수 있는 것은 부처님의 가르침을 실천하는 데 있습니다. 자기 혼자 깨닫겠다고 고고하게 앉아 있는 것은 불자의 바른 자세가 아닙니다. 올바른 가르침을 받아들였다면 그것을 많은 중생에게 전해야 하고, 중생들이 괴로움에서 벗어날 수 있도록 실질적이고 구체적인 바라밀행을 통해 이익을 주어야 합니다. 그렇게 중생들을 이끌어 주어야지 그렇지 않으면 범부의 경지를 뛰어넘을 수 없다는 경고를 보면서 참으로 우리가 어디로 향해야 하고 어떻게 살아야 할지 실감하셨을 줄로 믿습니다.

열 가지 서원 맨 마지막에, '미래에 올바른 가르침을 받아들일 보살마하살들의 한량없는 복덕을 보기 때문에 이러한 큰 서원을 세우는 것'이라고 했습니다. 이 책을 읽는 여러분이야말로 복덕이 충만한 보살마하살들입니다. 이 책과 인연이 있는 것 자체가 큰 복덕입니다. 수많은 책 중에서 이 책을 만나 즐겁게 읽어가면서 공부하는 이 자리가 바로 극락이라는 생각이 들지 않습니까?

우리가 이 책『승만경을 읽는 즐거움』을 읽으면서 공부하는 이 자리는 세금도 없고 학비도 전혀 없는, 그러면서도 대승을 깨닫게 하고 여래장을 찾아주는 정말 귀한 자리입니다.

일단 승만경 번역문을 읽어보십시오. 한 구절도 지나쳐버릴 수 없을 정도로 내용이 알참니다. 저는 승만경을 읽는 즐거움을 더해 주기 위해서 조금씩 양념처럼 몇 말씀씩 해 드리고 있는데 그 또한 곱씹을 만할 것입니다.

부처님의
증명

"진리의 주인〔法主〕이신 세존이시여, 저를 위해 증명하옵소서. 오직 부처님 세존만이 지금 여기서 증명하실 수 있습니다. 모든 중생들은 선근이 약하고 엷어서 어떤 중생은 '열 가지 큰 서원을 실천하기는 지극히 어렵다'라는 의심을 일으킬 수도 있으며, 또 어떤 중생들은 오랫동안 올바른 뜻으로 이익을 얻지 못하고 안락을 얻지도 못하고 있다는 의혹을 일으킬 수도 있습니다. 그러한 중생들을 안락케 하기 위하여 이제 부처님 앞에서 진실한 서원을 말씀드린 것입니다.

제가 이러한 열 가지 큰 서원을 지닐 수 있으며, 말씀드린 것처럼 행할 수 있다면, 이러한 서원으로 말미암아서 대중들 가운데 마땅히 하늘꽃〔天花〕이 비처럼 쏟아져 내리고 하늘의 미묘한 소리가 나게 하소서."

승만 부인이 이렇게 말했을 때, 허공중에서 수많은 하늘꽃이 비처럼 쏟아져 내렸으며 미묘한 소리가 들렸다.

"그렇다, 그렇다! 그대가 설한 바 그대로이니 진실하여 틀림이 없다."

하늘꽃을 보고 미묘한 음성을 듣고 나서는, 모든 대중들의 의혹이 모두 제거되었으며, 기뻐함이 한량없어서 원을 발하여 말하였다.

"언제나 승만 부인과 함께하며, 언제나 함께 법회에 동참하며, 그분이 행하시는 바를 같이하겠습니다."

세존께서 모든 대중에게 예언하셨다.

"그대들의 원하는 바와 같이 되리라."

부처님의 말씀을 몸에 익히는 수행법
사경을 권하다

십대수장十大受章(열 가지 큰 서원의 장) 안에 승만경의 사상과 실천 덕목은 물론이고 경전 형식 또한 완벽하게 갖추고 있습니다. 승만 부인이 열 가지 큰 서원을 발하고, 행할 수 있음을 증명해 달라 하니, 하늘꽃이 비처럼 쏟아져 내리고 미묘한 소리로써 증명을 해주고, 또 부처님께서 증명해 주십니다. 이를 지켜본 모든 대중들이 의심을 풀고 기뻐하며 승만 부인과 함께 열 가지 서원을 실천하겠다고 다짐하는 것을 보고 부처님께서 거듭 모든 대중들이 원하는 대로 될 것을 증명해 주시는 내용입니다.

지금 봐서는 다소 황당해 보일 수도 있습니다. 하늘꽃이 비처럼 쏟아져 내리고 미묘한 소리가 난다는 것 자체가 상식적으로 이해할 수 없을지 모르지만 문자로 보지 말고 그 이면을 들여다보아야 합니다. 경전의 행간에 숨어 있는 뜻을 발견하면서 읽는 것도 흥미로운 경전 읽기가 될 것입니다. 승만 부인의 열 가지 서원처럼 다른 사람을 이롭게 하는 일은 사람뿐만 아니라 대자연도 기뻐하고 부처님도 기뻐하시고 증명해 주신다는 것을 강조하고 있는 내용입니다.

저는 여러분이 이 책 『승만경을 읽는 즐거움』을 읽은 인연으로 사경寫經 수행을 권하고 싶습니다. 크게 격식을 갖추지 않아도 됩니다. 이 시대 불자들과 법사法師들은 정성껏 사경을 해서 부처님의 말씀을 몸에 익혀야 합니다.

부처님이 가신 지 2,500년이 지난 지금 스님들은 물론 재가 법사와 불자들이 경전을 서사書寫(베껴 쓰고), 수지受持(받아 지니고) 독송하고 타인 즉 중생들을 위하여 해설(爲人解說)해 주어야 합니다. 이것이 말세末世에 최소한 스님, 법사, 불자가 될 수 있는 자격이기도 합니다. 남을 위해 해설하는 것은 공부를 한 뒤에라야 가능하므로 미루더라도 쓰고, 읽고, 수지, 독송하는 수행을 하다 보면 해설할 수 있는 안목이 열릴 수 있습니다. 수지受持는 수행한다는 의미도 되지만, 늘 이 경전을 가까이하고 쓰고 읽는 것을 말합니다. 쓰는 것은 경전을 읽고 보고 듣고 하는 것과는 또 다른 기쁨이 있기에 우리 불자들이 해야 할 권리이자 의무라는 생각이 듭니다.

예를 들어 집안에서 여덟 마리의 닭을 뜰에 풀어서 키운다고 가정해 보세요. 낮에 뜰에 풀어놓았던 닭들은 저녁이 되면 닭장으로 들어옵니다. 그때 한 마리만 모자라도 여기저기 찾아다니고 야단이 납니다. 눈에 보이는 내 소유물은 없어지면 정신없이 찾아다닙니다. 하지만, 과연 눈에 보이지 않는 우리의 마음도 그렇게 챙기는지 살펴보십시오. 한 호흡이나 한 발자국 걷는 동안 마음이 어디로 갔는지 찾고 계십니까?

마음이 흘러가는 것을 잘 챙겨야 합니다. '마음 챙김'을 잘 못하면 다른 사람과의 관계도 어긋나고 진리와는 십만팔천 리 떨어지게 됩니다. 영원히 범부의 삶에서 벗어날 수 없답니다. 사경 수행, 마음 챙김을 잘해서 여러분 안에 본래 깃든 여래장을 잘 싹 틔워 여래로 부처님으로 살아가시길 온 우주에 충만한 부처님께 기원드립니다.

제3장

세 가지 큰 원

三
大
願
章

중생을 안온하고
행복하게 해 주다

그때 승만 부인이 다시 부처님 앞에서 세 가지 큰 원을 발하면서 이렇게 말하였다.

"이러한 진실한 원으로써 한량없으며 가이없는 중생을 안온케 하며, 이러한 선근으로 모든 생生에 올바른 가르침의 지혜를 얻겠습니다. 이를 첫 번째 큰 원이라 이름합니다.

제가 올바른 가르침의 지혜를 얻은 뒤에는 싫어하지 않는 마음으로 중생을 위하여 설하겠습니다. 이를 두 번째 큰 원이라 이름합니다. 제가 올바른 가르침을 받아들인 뒤에는 몸ㆍ목숨ㆍ재물을 버리고 올바른 가르침을 보호해 지니겠습니다. 이를 세 번째 큰 원이라 이름합니다."

그때 세존께서는 곧 증명하셨다.

"승만 부인의 세 가지 큰 서원은, 마치 모든 형체 있는 것이 허공 속에 다 포함되는 것과 같다. 이와 같이, 보살들이 세운 갠지스 강의 모래알같이 많은 모든 원 역시 전부 이 세 가지 큰 원 속에 포함된다. 이 세 가지 큰 원은 진실하며 광대한 것이다."

중생을 위한 지혜와 자비가
깃들어 있으면 정법이다

불교는 부처님께서 깨달으신 바른 법을 배우고 실천하는 종교로서 불교의 생명력은 정법을 널리 전해서 많은 사람들이 실천함으로써 세상을 행복하고 평화롭게 하는 데 있습니다. 이는 부처님의 전도선언에도 잘 나타나 있습니다.

"나는 하늘과 인간의 모든 그물에서 벗어났다. 비구들이여, 그대들도 천신과 인간의 모든 그물에서 벗어났다. 비구들이여, 길을 떠나거라. 세상을 동정하여, 인간과 하늘의 이익과 안락과 행복을 위하여 길을 떠나라.

두 사람이 한 길로 가지 마라.

비구들이여, 처음도 좋고 중간도 좋고 끝도 좋은, 의미와 문맥을 갖춘 법을 설하라. 아주 원만하고 청정한 행을 보여라. 세상에는 마음에 티끌과 때가 적은 자도 있다. 그들이 법을 듣지 못한다면 쇠퇴할 것이지만, 법을 듣는다면 잘 알게 되리라. 비구들이여, 나도 법을 설하기 위해 우루벨라의 세나니 마을로 갈 것이다."

부처님의 전도선언傳道宣言으로 불리는 위 내용은 『마하박가』, 『쌍윳따니까야』, 『잡아함경』 등 여러 경전에 보입니다. 부처님께서는 분명하게 말씀하셨습니다. 인간과 하늘의 안락과 이익과 행복을 위하여 길을 떠나되 두 사람이 한 길로 가지 말라고 하실 정도로 적극적으로 법을 전하라고 하셨습니다.

또한 처음도 좋고 중간도 좋고 끝도 좋은 법문을 세상 사람들이 알아듣기 쉽게 설하라고 당부하셨습니다. 법을 설함과 아울러 원만하고 청정한 행을 보이라고 하셨습니다. 법을 설하는 이가 바른 행동으로 모범을 보여야 따르는 것은 당연지사입니다. 이렇듯 경전을 읽다 보면 참으로 세세한 부분까지 일일이 챙겨서 이끌어주시는 부처님의 노파심이 엿보여 미소가 절로 지어집니다.

승만 부인이 계율을 잘 지키겠다는 것으로 시작한 열 가지 큰 서원에 이어 가장 중요한 세 가지 서원을 세우는데, 첫 번째 큰 원이 올바른 가르침의 지혜, 즉 정법正法의 지혜를 얻겠다는 것입니다. 부처님께서 대열반에 드시기 전, 부처님께서 이 세상을 떠나시면 우리 제자들은 어떻게 해야 하느냐고 여쭈었을 때 자등명법등명自燈明法燈明하라, 스스로를 등불로 삼고 법을 등불로 삼으라고 했습니다.

앞에서도 말씀드렸듯이 불교의 생명력은 깨달음, 법에 있습니다. 그래서 더욱 더 정법에 대한 논란이 있습니다. 특히 승만경과 같은 대승불교 경전에서는 '정법비방正法誹謗의 죄罪'에 대한 내용이 자주 거론됩니다. 이것은 원시불교의 전통을 계승하는 부파불교 교단에서 대승불교에 대하여 "너희들의 가르침은 비불설非佛說이다"라는 비난을 한 데 대하여 대승의 가르침이야말로 부처님의 가르침을 시대에 맞게 되살린 것이니, '정법을 비방하지 말라'고 그 죄를 거론하며 대응하였던 것입니다.

승만 부인의 세 가지 서원을 잘 읽어보십시오. 자연스럽게 향내가 몸에 스며들 듯 훈습되는 내용이 보이시나요? 진실한 원과 올바른 정견正見의 지혜와 자비가 보이십니까? 정법과 비법의 차이는 진실, 원력, 정견, 지혜, 자비의 유무에 있습니다. 중생을 안온케 하기 위한 지혜와 자비가 깃들어 있으면 정법입니다.

중생을 위하여 불법을 설하고, 몸·목숨·재물을 버려서라도 올바른 가르침을 전하겠다는 승만 부인의 서원을 보면서 가슴 뭉클한 감동이 입니다. 승만 부인의 서원을 듣고 "마치 모든 형체 있는 것이 허공 속에 다 포함되는 것과 같다"고 칭찬하면서 증명해주시는 부처님의 마음까지 더해져 충만한 기쁨을 누리게 됩니다.

제4장

올바른 가르침을
받아들이는 일

攝受正法章

하나의
큰 원

그때 승만 부인이 부처님께 사뢰어 말씀드렸다.

"저는 이제 다시 부처님의 위신력威神力을 이어받아 조복調伏하는 큰 원이 진실하여 틀림이 없음을 설하고자 합니다."

부처님께서는 승만 부인에게 말씀하셨다.

"그대가 설하는 바를 듣겠노라."

승만 부인이 부처님께 말씀드렸다.

"보살이 세운 바 갠지스 강의 모래알만큼 많은 원은 모두 이 하나의 큰 원 속에 포함되는 것이니, 이른바 올바른 가르침을 받아들이는 일이 바로 그것입니다. 올바른 가르침을 받아들이는 것이야말로 진실로 큰 원입니다."

부처님께서 승만 부인을 찬탄하셨다.

"훌륭하다, 훌륭하다! 지혜와 방편이 매우 깊고 미묘하니, 그대는 이미 오랫동안 모든 선의 근본을 심었기 때문이다. 내세의 중생 중에도 오래 선근을 심는 자는 능히 그대가 설한 바를 이해할 수 있을 것이다. 그대가 설하는 바, 올바른 가르침을 받아들이는 일은 과거·미래·현재의 모든 부처님들이 이미 설하였으니 장차 설할 것이며 이제 설하고 있는 바이며, 나 역시 이제 위없는 깨달음을 얻어서 이 올바른 가르침을 받아들이는 일을 항상 설하고 있는 것이다.

이와 같이 내가 올바른 가르침을 받아들이는 일을 설함으로써 얻게 되는 공덕은 가이없으니, 왜냐하면 이렇게 올바른 가르침을 받아들이는 일에는 큰 공덕이 있으며 큰 이익이 있기 때문이다."

작은 짐승들의 발자국이 코끼리 발자국에 다 들어가듯이…

승만 부인은 부처님께 귀의하면서 10대 원願을 세우셨고, 그 다음에 2장과 3장에서 3대 원을 세우셨습니다. 그리고 이어서 바로 올바른 가르침을 받아들이는 4장 섭수정법장攝受正法章이 나옵니다. 결국 귀결점은 열 가지 원이든 세 가지 원이든 정법을 그대로 잘 받아들여 실천하는 것입니다. 마치 거대한 코끼리 발자국이 진흙땅을 밟으면 움푹 들어가서 작은 짐승들의 발자국들은 코끼리 발자국 속에 다 포함되는 것처럼 승만경의 모든 원願 또한 섭수정법섭受正法 이 하나의 원으로 통하는 것입니다.

섭수의 '섭攝' 자는 거두어들인다, 보듬어 안는다는 뜻입니다. 앞에서도 말씀드렸듯이 사섭법四攝法은 불보살들이 중생을 구제하기 위한 네 가지 덕목으로 보시布施, 애어愛語, 이행利行, 동사同事입니다. 보시는 재물이나 마음·부처님의 가르침을 베푼다는 뜻입니다. 애어는 말 한마디라도 자비심과 애정으로 진실하고 따스하게 말해 주는 것입니다. 이행은 모든 생명에 이익이 되는 행동을 하는 것입니다. 동사는 모든 중생과 함께 기쁨과 슬픔, 고통과 즐거움도 같이 나누는 것을 말합니다. 실제로 이 네 가지를 자기 자신이 잘 받아들여 실천하며 살고 있는지 반조해 봐야 합니다.

사섭법과 아울러 대승보살의 실천덕목 중 대표적인 것이 육바라밀六波羅蜜입니다. 육바라밀은 보살이 열반涅槃, 즉 피안에 이르기 위해서 해야 할 여섯 가지의 수행으로 보시布施(베푸는 것), 지계持戒(청정한 계율을 지키는 것), 인욕忍辱(인내, 화를 내지 않음), 정진精進(노력, 수행), 선정禪定(마음 통일, 번뇌를 물리침), 지혜智慧(명철한 안목, 바른 견해, 즉 일체를 공한 것으로 보는 반야지혜)를 말합니다. 보살은 대승보살大乘菩薩의 실천덕목인 육바라밀로 수행하겠다는 원력을 세우고 실천하고 있으며 사섭법도 그와 같은 선상에서 보면 됩니다.

또한 대승보살의 계법을 총칭하는 삼취정계〔섭율의계攝律儀戒, 섭선법계攝善法戒, 섭중생계攝衆生戒〕도 다 같은 맥락입니다. 대승과 소승의 온갖 계법이 모두 이 가운데 들어 있어서 섭이라 하고, 계법이 청정하므로 정이라 하는데, 대승·소승 모두가 다 이 계를 받아야 합니다. 대승보살의 계법은 삼취정계三聚淨戒가 되고 사섭법四攝法이 되고 섭수정법攝受正法이 되어야 합니다. 이것은 불교의 가장 근본적인 주춧돌이라 할 수 있기에 대승경전의 최고봉이라 할 수 있는 승만경의 앞부분에서 줄기차게 강조하고 있는 것입니다.

승만 부인은 부처님을 모시고 부처님의 위신력威神力을 이어받아서 부처님의 힘으로 조복調伏하고 올바른 가르침을 설하리라는 큰 원願을 세웁니다. 저는 승만 부인과 같은 여성이기에 이 장면에서 더욱 큰 감동을 받곤 합니다.

한편 여기에서 조복이라는 말은 법문을 듣는 순간부터 잘 지키겠다는 마음을 굳히는 것을 뜻합니다. 영리한 말은 채찍의 그림자만 보고도 천 리를 달린다고 했듯이 진실한 마음으로 조복하면 그 사람의 모습만 보고도 금방 들뜬 마음이 가라앉고 편안해 집니다. 멀리서 그 사람의 말을 대신 전해 듣는 것만으로도 마음이 안정되는 것입니다.

그래서 부처님 당시에는 부처님의 모습을 보는 것은 말할 것도 없고 부처님의 말씀을 전해 듣고 발심하여 출가 수행하는 사람들이 매우 많았습니다. 심지어 극악무도한 살인마였던 앙굴리말라도 자신의 어머니까지 살인하려던 마음을 다 내려놓고 부처님의 가르침에 귀의하였습니다.

승만 부인이 이렇듯 조복하는 큰 원을 세우고, '제가 진실하여 틀림이 없다는 것을 설하겠다'고 하자 부처님께서 금방 인정하시고 설하는 것을 듣겠다고 하십니다.

거듭 말씀드리지만, 정법섭수正法攝受는 앞의 열 가지, 세 가지 원을 다 하나로 받아들이는 큰 원입니다. 부처님께서는 그렇듯 올바른 가르침을 받아들이겠다는 진실로 큰 원을 세우는 승만 부인의 말 한마디만 듣고도 금방 찬탄을 하십니다. 그리고 부처님의 칭찬은 끊임없이 계속됩니다. 그렇다면 올바른 가르침, 정법正法을 받아들이는 광대한 뜻은 무엇일까요?

　승만 부인이 부처님께 말씀드렸다.

　"제가 마땅히 부처님의 위신력을 이어받아서 다시금 올바른 가르침을 받아들이는 일의 광대한 뜻을 연설하고자 합니다."

　부처님께서 말씀하셨다.

　"설하도록 하라."

　승만 부인이 부처님께 말씀드렸다.

　"올바른 가르침을 받아들이는 일의 광대한 뜻은 곧 한량이 없으니, 모든 불법을 얻는 것이며 팔만 사천 법문八萬四千法門을 거두어들이는 일입니다. 비유하면 겁劫이 처음 이루어질 때 널리 큰 구름이 일어나고 온갖 색깔의 비와 갖가지 보배가 내리는 것과 같습니다. 이와 같이 올바른 가르침을 받아들이는 일 역시 한량없는 복의 과보와 한량없는 선근의 비를 내리게 하는 것입니다."

부처님, 불교를
혁신적이고 진보적이라고 하는 까닭

승만 부인이 자기 자신의 혼자 힘으로 설하는 것이 아니라 부처님의 위신력을 받아들여 올바른 가르침을 설하려 한다고 부처님께 말씀드리자, 부처님은 승만 부인에게 설하라고 이르십니다. 부처님의 인정을 받으면서 법을 설하는 승만 부인의 모습을 그리는 순간 법열이 차오릅니다. 오늘날과 같은 개명천지에서도 여성을 폄하하는 종교가 많기에 더더욱 부처님께 감사한 마음이 듭니다.

불교는 일찍이 여성의 출가와 여성 교단을 인정한 매우 혁신적인 종교입니다. 물론 불교도 남성 본위의 측면이 없지는 않으나 타종교에 비하면 비교할 수조차 없을 정도로 평등합니다. 게다가 여성, 그것도 재가 여성의 깨달음을 인정하고 가르침을 설하게 해 주시면서 잠잠히 듣고 계시다가 고개를 끄덕여 주고 칭찬해 주는 부처님의 모습을 그려보십시오. 참으로 아름다운 장면이란 생각이 들지 않습니까?

팔만사천법문과 수많은 부처님이
왜 필요한가?

불교는 팔만 사천 법문이라는 경전 말씀처럼 헤아릴 수 없을 정도로 많은 부처님의 법문이 있습니다. 하지만, 모든 법문은 사성제四聖諦로 통합니다. 사성제(고제苦諦, 집제集諦, 멸제滅諦, 도제道諦)는 불교의 가장 기본적인 교리이기도 합니다. 부처님께서 깨달으시고 처음 설파하신 법문이 사성제입니다. 또한 사성제 중의 첫 번째가 일체개고, '고苦'입니다.

팔만 사천 법문은 숫자를 1에서 7999 이렇게 헤아리는 실질적인 숫자가 아니라 아주 많다는 것을 상징하는 표현입니다. 지역에 따라서는 오만가지라는 말을 쓰기도 하지만, 전체를 통 털어서 모든 법문을 상징적으로 팔만 사천 법문이라 합니다. 중생의 번뇌도 팔만 사천 가지라 하는데 마찬가지로 모든 번뇌를 뜻하는 것입니다. 그런데 모든 법문 가운데 이 법이 포함되지 않는 것이 하나도 없다고 했습니다. 무슨 뜻일까요? 쉽지 않지요?

저도 처음 출가해서 불교 교리를 잘 모르던 시기에 참 혼란스러웠습니다. 경전을 펼치면 수많은 부처님 명호가 나오는데, 일일이 명호의 뜻을 알고 외우는 것도 얼마나 힘들었는지 모릅니다.

불교는 다양성을 존중하는 열린 종교입니다. 수많은 부처님이 계시는 것도 수많은 중생의 근기根機와 원원에 따라서 일일이 다르게 나투시기 때문입니다. 각기 성격도 다르고 환경도 다르고 고민도 다른 중생에게 베푸시는 끝없는 자비심이 그에 맞는 수많은 부처님을 등장시켰습니다. 이를 다불사상多佛思想이라고도 합니다. 아무튼 팔만 사천 번뇌가 있기 때문에 팔만 사천 법문이 있는 것입니다.

부처님께서는 중생이 다하도록 서원이 끝이 없다고 했습니다. 제 개인적인 생각으로는 요즘 출가자가 줄었다고 해도 그다지 걱정하지 않습니다. 세상이 살기 좋아져서 고통이 줄어들었기 때문에 출가자가 줄었다고 생각하면 오히려 다행스럽다는 생각이 듭니다.

한편 "겁劫이 처음 이루어질 때 널리 큰 구름이 일어나고 온갖 색깔의 비와 갖가지 보배가 내리는 것과 같다"고 하여 올바른 가르침을 받아들이는 뜻의 광대함을 강조했습니다.

겁劫은 매우 길고 오랜 시간을 말하는데 인도에서는 가장 긴 시간의 단위를 말합니다. 우리 인간의 상상으로서는 표현하기 어려운 세월의 단위라고 할 수 있지요. 어떤 용어에 대해 이해하기 힘들 때에는 그 반대를 생각하면 좀 더 쉬운데, 겁의 반대말은 찰나刹那입니다. 찰나가 75분의 1초라는 것에 비유하면 겁이 얼마나 긴 시간인지 상상이 될 겁니다.

올바른 가르침을 받아들이는 일이 중요하다는 것을 겁이 처음 이루어질 때의 상황을 설명하면서 거듭 강조하고 있는 대목입니다.

큰 수원水源의
비유

"세존이시여, 또한 겁이 처음으로 이루어질 때 큰 수원水源(大水聚)이 있어서 삼천대천세계의 모든 보배(三千大千世界藏)와 사백억이나 되는 갖가지 세계를 낳은 것과 같습니다. 이와 같이, 올바른 가르침을 받아들이는 일 역시 대승의 한량없는 세계(無量世藏), 모든 보살의 신통한 힘, 모든 세간의 안온한 쾌락, 모든 세간의 자유자재 및 출세간의 안락을 낳게 하는 것입니다. 겁劫이 이루어진 일 등은 신이나 인간이 이전에는 경험하지 못한 일이니, 모두 올바른 가르침을 받아들이는 일에서 가능한 것입니다.

또 대지大地가 네 가지 무거운 짐, 즉 대해大海, 모든 산, 초목, 중생을 짊어지고 있는 것과 같습니다. 이와 같이 올바른 가르침을 받아들인 선남자善男子와 선여인善女人도 대지를 건립하여 네 가지 무거운 책임을 능히 짊어지려고 합니다.

저 대지는 비유입니다. 어떤 것이 넷인가 하면, 선지식을 떠난 중생, 가르침을 듣지 않는 중생, 법의 그릇이 아닌 중생들은 인천人天의 선근(人天乘)으로써 성숙시키고, 성문을 구하는 자는 성문의 가르침(聲聞乘)을 주고, 연각을 구하는 자는 연각의 가르침(緣覺乘)을 주고, 대승을 구하는 자는 대승의 가르침을 줍니다. 이를 올바른 가르침을 받아들이는 것이라 이름합니다.

세존이시여, 이와 같이 올바른 가르침을 받아들인 선남자와 선여인은 대지를 건립하여 네 가지 무거운 책임을 능히 짊어짐으로써, 널리 중생을 위하여 청하지 않은 벗(不請之友)이 되고 중생을 편안하게 위로하며 불쌍히 여겨서 세상에서 진리의 어머니(法母)가 됩니다.

또한 대지가 네 가지 보배(寶藏), 즉 값을 헤아릴 수 없는 보배, 값비싼 보배, 중간 정도 값의 보배, 값싼 보배를 갖고 있는 것과 같습니다.

이와 같이 올바른 가르침을 받아들인 선남자와 선여인은 대지를 건립하여 중생의 최상의 큰 보배 네 가지를 얻습니다. 어떤 것이 네 가지 보배냐 하면, 올바른 가르침을 받아들인 선남자와 선여인은 가르침을 듣지 않는 중생, 법의 그릇이 아닌 중생들에게 인천人天의 공덕과 선근을 주고, 성문을 구하는 자에게는 성문의 가르침을 주고, 연각을 구하는 자에게는 연각의 가르침을 주고, 대승을 구하는 자에게는 대승의 가르침을 줍니다. 그러므로 올바른 가르침을 받아들인 선남자와 선여인으로 말미암아 큰 보배를 얻은 중생은 기특奇特하고도 희유한 공덕을 짓게 되는 것입니다. 세존이시여, 큰 보배라는 것은 곧 올바른 가르침을 받아들이는 일입니다."

사람마다 성격이 다르듯
수행 취향도 다르다

"겁이 처음으로 이루어질 때 큰 수원水源(大水聚)이 있어서 삼천대천세계의 모든 보배(三千大天世界藏)와 사백 억이나 되는 갖가지 세계를 낳은 것과 같다"고 하여 대지의 역할에 대해 설하고 있습니다. 여기에서 대지는 곧 법입니다. 아주 작은 물이 근원이 되어 흘러가면서 대지를 적시어 만물을 낳습니다. 높고 낮은 산이나 초목, 살아 움직이는 모든 중생, 큰 빌딩이나 땅속으로 들어가는 온갖 것을 낳아서 다 싣고 있는 게 대지라는 것입니다.

요즘 같은 늦가을이면 산중의 운문사는 오후 다섯 시만 되어도 해가 져서 어둑어둑해집니다. 그러나 인도나 중국을 여행하다 보면 해넘이 광경을 오래도록 바라볼 수 있습니다. 인도 성지순례 때 룸비니에서 해지는 장관을 오래 바라본 일이 있습니다. 아마도 일몰 광경을 오래 지켜볼 수 있었던 것은 땅이 넓기 때문이 아닌가 합니다.

대지는 네 가지 무거운 짐을 다 싣고 있습니다. 큰 바다(大海)도

대지 위에 있고, 크고 낮은 모든 산도 초목도 살아 움직이는 중생들도 다 싣고 있습니다. 살아 있는 우리도 대지 위에 있습니다. 육지에서 사는 중생이 많겠습니까? 바닷속에 잠겨 있는 수륙 중생이 많겠습니까? 생각하면 재미있는 일들이 참 많아요. 부처님께서는 어떻게 그런 것을 다 아시고 낱낱이 다 비유하셨는지 감탄한 적이 많습니다.

"성문을 구하는 자는 성문의 가르침을 주고〔성문승〕, 연각을 구하는 자는 연각의 가르침을 주고〔연각승〕, 대승을 구하는 자는 대승의 가르침을 준다〔보살승〕"고 했습니다.

잘 아시겠지만, 성문의 '성聲' 자는 소리 '성' 자입니다. 모든 것을 소리로 알려주고, 소리를 듣고 고개를 끄덕이며 스스로 받아들여서 수행하여 깨달음에 이르도록 하는 것을 성문승聲聞乘이라고 합니다.

또한 이 세상의 모든 것은 고정된 것이 아니라 여러 가지 조건에 따라 변한다는 것, 서로 서로 의지해서 이루어진 것, 한마디로 인연하는 법으로 깨달음을 얻는 것을 연각승緣覺乘이라고 합니다. "이것이 있으므로 저것이 있고 이것이 생기므로 저것이 생긴다. 이것이 없으므로 저것이 없고 이것이 멸하므로 저것이 멸한다"는 말로 상의상관相依相關의 연기법을 단적으로 표현하기도 합니다. 봄·여름·가을·겨울 사계절의 변화, 따스하거나 춥거나 이런 현상적 변화도 연기법의 범주에 속한다고 생각하면 더 이해하기 쉬울 것입니다. 그런데 연각승들은 스승 없이 혼자서 고요하게 사유하는 것을 좋아합니다.

　이와 같이 사람마다 타고난 성품도 다르고 교육 환경도 다 다르기 때문에 수행하는 취향도 제각각입니다. 봉사도 많이 하고 다른 이들의 상황도 배려하면서 수행하는 보살도로 가는 길, 육바라밀 수행을 하는 분들은 대승大乘이요, 대승은 곧 보살승菩薩乘입니다.

여섯 가지 바라밀

"세존이시여, 올바른 가르침을 받아들이는 일에 대하여 말씀드리겠습니다. 올바른 가르침을 받아들이는 일은 다음과 같습니다. 올바른 가르침을 받아들이는 일은 올바른 가르침 그 자체와 다르지 않으며, 올바른 가르침 그 자체도 올바른 가르침을 받아들이는 일과 다르지 않습니다. 올바른 가르침이 곧 올바른 가르침을 받아들이는 것입니다. 세존이시여, 올바른 가르침을 받아들이는 일은 바라밀과 다르지 않으며, 바라밀이 올바른 가르침을 받아들이는 일과 다르지 않습니다. 올바른 가르침을 받아들이는 일이 곧 바라밀입니다.

왜냐하면, 올바른 가르침을 받아들인 선남자와 선여인은 마땅히 보시로써 성숙시킬 중생에 대해서는 보시로써 성숙케 하는 것이니, 몸의 일부를 버려서라도 그들의 보리심을 보호하면서 성숙케 합니다. 그렇게 성숙된 중생이 올바른 가르침에 안주하는 것을 보시[檀]바라밀이라 이름하는 것입니다.

마땅히 계율로써 성숙시킬 중생에 대해서는 여섯 가지 감각 기관[六根]을 수호하며 몸·말·뜻으로 짓는 업을 깨끗이 하는 것이니, 네 가지 위의威儀를 올바르게 하여 그들의 보리심을 보호하면서 성숙케 합니다. 그렇게 성숙된 중생이 올바른 가르침에 안주하는 것을 지계[尸] 바라밀이라 이름하는 것입니다.

마땅히 인욕으로써 성숙시킬 중생은, 만약 저 중생들이 비난·욕설·비방·공포를 퍼붓는다 하더라도 화내지 않는 마음, 이익케 하려는 마음, 가장 뛰어난 인욕으로써 대하는 것이니, 얼굴빛을 바꾸지 않고 그들의 보리심을 보호하면서 성숙케 합니다. 그렇게 성숙된 중생이 올바른 가르침에 안주하는 것을 인욕바라밀이라 이름하는 것입니다.

마땅히 정진으로써 성숙시킬 중생에 대해서는, 그 중생들에게 게을러지려는 마음을 내지 않으며 큰 욕심을 내며 가장 훌륭하게 정진하는 것이니, 네 가지 위의 가운데서도 그들의 보리심을 보호하며 성숙시킵니다. 그렇게 성숙된 중생이 올바른 가르침에 안주하는 것을 정진[毘梨耶]바라밀이라 이름합니다.

마땅히 선정으로써 성숙시킬 중생에 대해서는, 그 중생들에게 어지럽지 않은 마음, 밖으로 향하지 않는 마음, 가장 훌륭한 정념正念으로써 하여 오래 전에 행한 바와 오래 전에 설한 바를 마침내 잊지 않으며 그들의 보리심을 보호하면서 성숙시킵니다. 그렇게 성숙된 중생이 올바른 가르침에 안주하는 것을 선정 바라밀이라 이름합니다.

마땅히 지혜로써 성숙시킬 중생에 대해서는, 그러한 모든 중생들이 일체의 뜻을 물어 온다면, 두려움 없는 마음으로써 모든 논서, 모든 학문(工巧), 구경의 지혜, 갖가지 교묘한 일로써 연설하면서 그들의 보리심을 보호하여 성숙시킵니다.

그렇게 성숙된 중생이 올바른 가르침에 안주하는 것을 반야바라밀이라 이름합니다. 그러므로 세존이시여, 올바른 가르침을 받아들이는 일이 바라밀과 다르지 않으며 바라밀이 올바른 가르침을 받아들이는 일과 다르지 않습니다. 올바른 가르침을 받아들이는 일이 곧 바라밀입니다."

바로 지금 이 순간
육바라밀을 행하라

올바른 가르침을 받아들이는 일, 섭수정법한다는 것은 곧 보살이 바라밀을 수행하는 것을 뜻합니다. 우리나라의 여성 불자들은 다른 나라와 달리 '보살'이라는 거룩한 칭호로 불립니다. 자기가 원하지 않아도 다른 사람들에게 보살이라 불리고 있는데, 이 마당에서 과연 보살행을 행하고 있는가? 하루에 몇 차례나 육바라밀의 한 가지라도 행하고 있는지 생각해 보세요.

앞에서도 육바라밀에 대해 약간 언급했습니다만, 여기에서는 일일이 육바라밀에 대한 설명을 하고 있습니다.

　여섯 가지 바라밀 중에 보시바라밀, 즉 단바라밀이 제일 먼저 나옵니다. 보시바라밀이 만행萬行을 다 포함하고 모든 바라밀을 꿰고 있기 때문입니다. 보시바라밀은 크게 재물 보시, 법보시, 무외시(두려움을 없애주는 보시)로 나눌 수 있는데, "보시로써 성숙시킬 중생에게는 몸의 일부를 버려서라도 그들의 보리심을 보호하면서 성숙케 한다"는 승만 부인의 서원에서 보시바라밀의 궁극적인 목표를 보게 됩니다. 자기의 가장 소중한 몸을 버려서라도 중생들 안에 깃든 여래장, 중생이 본래 부처임을 깨닫게 하는 보리심을 보호하여 성숙케 하는 것이야말로 대승보살의 가장 중요한 실천 덕목인 것입니다.

　"계율로써 성숙시킬 중생에 대해서는 육근을 수호하며, 업을 깨끗이 하고 위의를 올바르게 한다"고 했습니다. 지계바라밀은 쉽게 얘기해서 약속을 잘 지키고, 위의를 반듯하게 하는 바라밀이라 생각해도 됩니다. 위의威儀라는 것은 아침에 일어나서 잠들 때까지 하는 모든 행동을 포함한 행위를 말합니다. 행위와 행동은 엄밀히 뜻이 다른데 어떻게 다른지 아십니까?

　'행주좌와行住坐臥 어묵동정語默動靜'을 다 행동과 행위라고 합니다. 별 의미도 없이 주먹도 쥐고 몸동작으로 표현하기도 하는 것이 행동이라면, 행위는 예를 들어 제가 시간 맞춰서 승만경 공부 모임에 가서 "승만경은 이러이러한 경이다. 오늘은 섭수정법장을 공부한다. 우리 불자들은 이 법회나 강의를 통해 마음을 어떻게 챙겨야 한다"고 또박또박 말하는 것은 행위라고 할 수 있지요. 행동과 행위에는 반드시 과보果報가 따릅니다.

저를 포함한 불자님 한 분 한 분의 짧고도 긴 삶이 승만경 공부 모임에 몽땅 오롯이 다 와서 앉아 있는 것입니다. 우리가 지어온 평생을 통한 삶을 서로 교환하고 있다고 할 수 있지요. 영상을 통해서도 다 볼 수 있는 시대인데 굳이 이 자리에서 함께한 것은 정말 대단한 인연입니다. 결코 예사로 생각하면 안 되는 아주 소중한 일이지요. 우리가 일생을 살면서 한 순간 한 순간 행하는 모든 일을 그렇게 소중하게 여기면서 충실히 살면 죽을 때 아무 후회도 여한도 없을 것입니다. 저는 그것이 성불成佛이라고 감히 말하고 싶어요.

삼대아승지겁三大阿僧祇劫을 통해 무엇인가 닦아서 내생에 무엇을 할까 망설이는 것은 바른 불자의 태도가 아니라고 생각합니다. 현재 이 몸, 이 모습 그대로 내 곁에 있는 사람을 부처님으로 여기며 바로 지금 이 순간 소중하게 정성껏 살아야 합니다. 이 세상에 올 때는 순서가 있지만 가는 길에는 순서가 없다는 것을 생각하면 정말 허투루 살 수 없지요. 지계바라밀을 지키지 말라 해도 자연스럽게 지키게 되리라 믿습니다.

인욕바라밀은 모욕을 참고 노여움을 잠재워서 마음을 평온하게 하는 수행입니다. 승만 부인은 부처님의 가르침을 받은 날부터 깨달음에 이르는 그날까지 화를 내지 않겠다는, 말하자면 인욕바라밀을 실천하겠다는 원을 세웁니다. 그런데 따지고 보면 인욕도 크나큰 보시라는 생각이 듭니다. 언제 어느 때나 화내지 않고 웃는 얼굴을 하면 곁에 있는 사람도 상당한 위로를 받기 때문입니다. 이것이 바로 무외보시無畏布施, 다른 사람들에게 두려움을 없애주는 보시입니다. 우리는 모르는 것을 대하면, 그리고 컴컴한 어두움을 생각하면 두렵습니다. 어둠은 원시적인 두려움이라 할 수 있습니다. 환한 불빛 아래서는 모든 게 보이기 때문에 두렵지 않은데, 어둠 속에 뭐가 있는지 모르기 때문에 두려운 것입니다.

현재 보이는 이 상황에서 한 순간 한 순간 자기 분수대로 자기답게 성실하게 살고 죽음에 임박해서도 아무런 찌꺼기가 없는 것이 성불이라고 생각합니다. 승만경 역시 자기 힘과 분수에 맞게 사경할 수 있으면 사경하고, 사경할 수 없는 상황이면 읽으면 되고, 읽지도 못할 것 같으면 들으면 되고, 듣지도 못할 여건이면 성실하게만 살면 됩니다. 더 이상 무슨 아름다운 마무리가 있겠습니까. 그러므로 올바른 가르침을 받아들이는 섭수攝受를 하나의 원願으로 보는 것입니다.

진리의 길벗

"세존이시여, 제가 이제 부처님의 위신력을 이어받아서 다시 크나큰 뜻을 말하고자 합니다."

부처님께서 말씀하셨다.

"설해 보라."

승만 부인이 부처님께 올바른 가르침을 받아들이는 일에 대하여 말씀드렸다.

"올바른 가르침을 받아들이는 일이라는 것은 다음과 같습니다. 올바른 가르침을 받아들이는 사람은 올바른 일을 받아들이는 일과 다르지 않으며, 올바른 가르침을 받아들이는 일은 올바른 가르침을 받아들이는 사람과 다르지 않습니다. 곧 올바른 가르침을 받아들인 선남자와 선여인이 곧 올바른 가르침을 받아들이는 일입니다. 왜 그러나 하면, 만약 올바른 가르침을 받아들인 선남자와 선여인이 올바른 가르침을 받아들이고자 한다면 세 가지를 내버려야 하기 때문입니다. 이른바 몸·목숨·재물이 그것입니다.

선남자와 선여인이 몸을 버릴 수 있다면 생사·윤회의 맨 마지막과 같아질 것이며, 늙음·병·죽음을 떠나며, 부서지지 않으며, 항상 머무르며, 변화가 없으며, 가히 생각할 수 없는 공덕을 갖춘 여래의 법신法身을 얻을 것입니다.

목숨을 버릴 수 있다면 생사·윤회의 맨 마지막과 같아질 것이며, 마침내는 죽음을 떠나서 가이없고, 항상 머무르며, 가히 생각할 수 없는 공덕을 얻어서 모든 깊고 깊은 부처님 법을 통달하게 될 것입니다. 재물을 버릴 수 있다면 생사·윤회의 맨 마지막과 같아질 것이며, 모든 중생과 함께 하지 않으며, 다함없으며, 줄어들지 않으며, 마침내 항상 머무르며, 가히 생각할 수 없이 구족具足한 공덕을 얻으며, 모든 중생의 뛰어난 공양을 얻게 될 것입니다.

세존이시여, 이와 같이 세 가지를 버리는 선남자와 선여인은 올바른 가르침을 받아들여서 언제나 모든 부처님으로부터 예언을 받게 되며, 모든 중생으로부터 우러름을 받게 될 것입니다.

세존이시여, 또 선남자와 선여인이 올바른 가르침을 받아들이는 일은 다음과 같습니다. 비구·비구니·우바새·우바이들이 붕당朋黨을 지어서 서로 다투어 송사하여 승가의 화합을 깨뜨리고 이산하여 가르침이 장차 멸하고자 할 때 굽지 않고 속이지 않으며 거짓되지 않음으로써 올바른 가르침을 받아들이고 진리의 길벗 속에 들어가는 것입니다. 진리의 길벗 가운데 든 자는 반드시 모든 부처님의 예언을 받을 것입니다.

세존이시여, 저는 올바른 가르침을 받아들이는 일에 이와 같은 큰 힘이 있음을 봅니다. 부처님께서는 진실한 눈, 진실한 지혜이시며, 가르침의 근본이시며, 진리에 통달하시며, 올바른 가르침의 의지처이시며, 역시 모두 다 보고 아시는 분입니다."

청하지 않아도
벗이 되다

날마다 특별한 날이지만, 이 책『승만경을 읽는 즐거움』을 즐겁게 읽으면서 날마다 더욱 행복하시길 빕니다. 원래 저는 강의를 하는 강사다 보니 '승만경 강의'라는 말을 자주 쓰는데, 사실 이 책은 강의서는 아닙니다. 강의는 글자 한 자·문장 한 구절에 대해 자세하고 훈련하게 설명해야 하는데, 이 책은 부담 없이 즐거운 마음으로 승만경을 읽는다는 데 초점을 맞추고 있습니다. 제목만 봐도 기분 좋아져서 읽고 싶으면 펼쳐서 읽고 관심을 두면 족합니다.

그런데 제가 꼭 새겨서 강조하고 싶은 가르침이 있습니다. 승만부인처럼 불청지우不請之友, 청하지 않아도 벗이 되었으면 하는 것입니다. 청하지 않는데 벗이 되는 일은 결코 쉽지 않은 일입니다.

불청지우는 청하지 않았지만, 스스로 다가가 벗이 되는 것입니다.

잘 아시겠지만, 영국 여인으로서는 처음 티베트로 출가하여 비구니가 되신 텐진빠모 스님이 계십니다. 텐진빠모 스님이 출가할 때만 해도 티베트에서는 비구니스님을 인정하지 않았습니다. 그런데 그분은 비구니가 되어 오랜 기간 동안 혼자 수행을 하셨습니다. 그리고 티베트 여성 출가자를 위해 학교를 만들고, 교육을 시키기 위해 성금을 마련하려고 일흔이 넘으신 연세에도 세계 각국에 강연을 다니시는데, 우리나라에도 다녀가셨습니다.

우리나라에도 그런 비구니스님이 계십니다. 지금은 팔순이 넘으셨는데, 이 노스님이 큰 불사를 많이 하셨습니다. 부처님 일을 보통 불사佛事라고 합니다. 강의를 듣고(聽講), 염불하고, 사경寫經하는 것 등등 부처님 일을 하거나 공부하는 일도 모두 다 불사라고 할 수 있습니다. 그런데 요즘은 주로 절에서 전통적으로 보수공사를 하거나 부족한 건물을 증축하는 일을 불사라고 합니다. 부처님 도량을 잘 장엄하는 것이니 불사라고 할 수 있습니다만, 저는 정확하게 공사라고 지칭합니다.

진정한 불사佛事는 내 마음을 정법正法으로 바꾸어 나가는 수행을 말합니다. 노스님께서는 젊은 시절부터 당신의 수행 불사도 잘 하셨지만, 다른 스님들의 수행 불사를 돕기 위해서 수행할 수 있는 공간을 짓고 뒷바라지를 열심히 하셨습니다. 도량 불사 자금을 마련하기 위해서 여러 가지 일을 하셨는데, 어느 날 도량을 거닐다가 몸이 불편하신 노보살님을 먼발치에서 보게 됩니다.

노보살님이 차를 타기 위해서는 언덕길을 한참 내려가야 하는데, 노스님이 멀리서 봐도 노보살님의 몸이 불편하신 것 같아서 시자侍者에게 버스 타는 곳까지 노보살님을 모셔다 드리라고 하셨습니다. 노보살님은 그 덕분에 집으로 돌아가는 막차를 겨우 타게 되었답니다.

　　노스님께서는 그 후 불사 자금을 마련하기 위해 전국 곳곳을 다니시며 법문을 하셨는데, 하루는 익명으로 된 아주 큰 액수의 보시금을 받으신 것입니다. 그 다음 달에도 같은 지역에서 법문을 하셨는데, 또다시 그런 거액의 보시금을 받게 되어 누군지 알아보니 그분이 바로 노스님이 시자를 시켜서 차를 태워드린 적이 있었던 그 노보살님이셨답니다.

　　노보살님은 노스님의 배려에 감사한 마음을 간직하고 있던 차에 법회에서 우연히 노스님을 만났고, 불사를 하신다는 말씀을 듣고 많은 시주施主를 하신 것입니다. 청하지도 않았고 부탁한 일도 아닌데 그분의 도움이 불사에 큰 힘이 되었다고 합니다. 이런 경우를 바로 불청지우不請之友라고 할 수 있습니다. 노스님은 노보살님이 청하지 않았지만 몸이 불편한 것을 배려해서 도움을 주셨고, 그 마음씀에 감동했던 노보살님은 청하지도 않았는데 거액의 불사금을 선뜻 기쁘게 낸 것입니다.

　　우리나라에는 많은 불교 종파가 있습니다. 하지만 친절종이 있다는 소리는 아직 듣지 못했습니다. 그러나 위 이야기의 노스님처럼 평소 친절하게 배려하면 큰 공덕이 된다는 것을 다시 한 번 느

껐습니다. 보살은 중생이 청하지 않아도 스스로 다가가서 친절과 자비를 베푼다는 뜻을 가진 불청지우에 대한 내용은 승만경, 화엄경 등 대부분의 대승경전大乘經典에 나옵니다. 우리 스스로 청하지 않아도 벗이 되어 살아간다면 더욱 아름다운 인생을 보낼 수 있지 않을까 합니다.

대승을 받아들인
공덕과 이익

그때 세존께서는 승만 부인이 설한 바 올바른 가르침을 받아들이는 일의 큰 정진력精進力에 대하여 함께 기뻐하는 마음(隨喜心)을 일으키시고, 다음과 같이 말씀하셨다.

"그렇다, 승만이여! 그대가 설하는 바와 같다. 올바른 가르침을 받아들이는 일의 큰 정진력은 큰 힘을 가진 역사力士가 조금이라도 몸에 닿으면 큰 고통을 낳는 것과 같다.

그렇다. 승만이여! 조금만 올바른 가르침을 받아들여도 악마를 크게 괴롭히는 것이니, 다른 어떤 선법善法도 악마를 그렇게 크게 괴롭히는 것을 나는 본 일이 없다. 또한, 소 가운데 왕(牛王)은 모습이 비할 바 없어서 모든 소보다 더 뛰어난 것과 같다.

이와 같이 대승을 믿는 자는 조금이라도 올바른 가르침을 받아들이면 모든 이승二乘의 선근보다도 더 뛰어난 것이니, 이는 광

대하기 때문이다.

또한, 마치 수미산이 단정하고 엄숙하여 모든 산보다 뛰어난 것과 같다. 이와 같이 대승을 믿는 자로서 몸·목숨·재물을 버리는 자는, 받아들이려는 마음으로 올바른 가르침을 받아들임으로써 몸·목숨·재물을 버리지 않고서 처음으로 대승의 모든 선근에 머무는 자보다 더 뛰어나다. 그런데 하물며 이승이겠는가. 이 또한 광대하기 때문이다.

그러므로 승만이여, 마땅히 올바른 가르침을 받아들임으로써 중생을 열어 주고 보여 주며, 중생을 교화하며, 중생을 건립建立할지니라.

승만이여, 올바른 가르침을 받아들이는 일은 이와 같은 큰 이익이 있으며 이와 같은 큰 복이 있으며 이와 같은 큰 과보가 있는 것이다. 승만이여, 나는 아승지아승지겁에 올바른 가르침을 받아들이는 일의 공덕과 이익을 설한다고 하여도 가이없을 것이다. 그러므로 올바른 가르침을 받아들이는 일은 한량없으며 가이없는 공덕이 있는 것이다."

| 질투는 행복 에너지를
| 소멸시킨다

부처님께서 승만 부인의 말을 들으면서 함께 기뻐하는 마음을 일으키시고 한 번 더 강조해서 말씀하시는 대목입니다. 보현보살

10대 행원 중에도 다른 사람의 공덕을 따라서 함께 기뻐하는 수희찬탄분이 나옵니다. 함께 기뻐하는 것만큼 쉽게 지을 수 있는 공덕도 없습니다. 재물이 없어도 지을 수 있는 공덕이 바로 함께 기뻐하며 찬탄해 주는 것입니다. 그럼에도 불구하고 보현보살의 10대 행원이나 사무량심에서 거듭 강조하는 것은 수희찬탄이 그만큼 어렵기 때문입니다. "사촌이 논을 사면 배가 아프다"는 속담처럼 중생들의 마음속에는 시기 질투심이 은연중 자리 잡고 있기 때문에 마음속 깊이 우러나는 수희찬탄이 힘든 것입니다.

그런데 정말 주의해야 합니다. 함께 기뻐해 주어야 할 상황에서 시기하거나 질투하면 할수록 그 일이 자기와는 무관한 일이 되어버린다는 겁니다. 예를 들어, 인품이 훌륭한 부자를 만났을 때 그의 풍요로운 삶과 후덕함을 찬탄해 주지 않고 질투한다면 그만큼 더 풍요와 후덕함이 자기와는 인연이 멀어진다는 것입니다. 그래서 경전에서는 시시때때로 마음을 잘 쓰라고 강조합니다. 평소 마음을 잘 쓰고 마음 근육을 잘 단련해야 절체절명의 순간에서도 마음이 흔들리지 않고 함께 기뻐해 주고 함께 슬퍼해 줄 수 있는 것입니다.

금강경에서는 부처님께서 모든 것을 실지실견悉知悉見한다고 하셨습니다. 불자들과 학인들, 수행자들은 물론이고 모든 사람들이 어떻게 마음을 쓰고 어떻게 수행하며 살고 있는지를 실지실견하신다고 이해하면 됩니다. 한편 모든 이들을 다 알고 다 보시는 부처님은 사람만을 대상으로 제도하시는 분은 아니셨습니다. "조금만 올바른 가르침을 받아들여도 악마를 크게 괴롭히는 것이니, 다른 어떤 선법善法도 악마를 그렇게 크게 괴롭히는 것을 나는 본 일이 없다"고 하셨습니다. 올바른 가르침을 받아들이는 것의 중요성을 악마를 괴롭히는 것에 비유해서 말씀하신 것을 보면서 '아하' 하는 깨달음이 오지 않습니까? 이 말씀은 곧 올바른 가르침으로 악마를 제도하신다는 것입니다. 그래서 부처님의 음성을 원음圓音이라고 합니다. 어디에도 치우치지 않고 모든 주의주장을 모두 다 껴안으면서 모든 중생을 두루 다 제도하시기 때문입니다.

제2의 얼굴인 목소리를 잘 가꾸어 법음을 전하라

부처님의 음성을 사람만이 듣는 것이 아니라 12류 중생이 다 듣습니다. 부처님의 원음을 들으면 모든 중생이 제각각 자기 음성으로 받아들입니다. 이 정도는 되어야 원음이라 할 수 있고 음성이 좋다고 할 수 있겠지요. 외국어를 못해도 통역기를 통하여 각 나라 말로 번역되어 들리는 이치와 같습니다. 우리의 마음도 반드시 소리를 내지 않아도 단지 그분을 바라만 보더라도 어떤 마음이 작용되고 있는지를 서로 알게 됩니다. 부처님은 이렇게 음성으로써 모든 중생을 받아들이고 제도하는 것입니다.

음성에 대한 말씀을 드리다 보니 떠오르는 일화가 있습니다. 저는 나이가 들어서 운전을 배웠습니다. 그때 음주운전으로 면허가 취소된, 목소리가 아주 걸걸한 경상도 거사님 한 분과 운전을 같이 배우게 되었습니다. 서로 낯이 익을 무렵 거사님께서 "스님은 음성이 참 좋으시네요. 어떻게 하면 음성이 그렇게 좋아집니까?" 하고 묻기에 "술을 마시지 않으면 됩니다"라고 대답했습니다. 그 거사님은 "술을 마시지 않으면 목소리가 그렇게 고와집니까?"라고 되물으면서 제 말을 아주 진지하게 받아들였습니다.

이렇듯 사람의 목소리는 매우 중요합니다. 목소리만 들어도 그 사람의 인격, 학식, 감정, 건강 상태까지 대략 알 수 있기 때문에 제2의 얼굴이라고도 하지요. 하지만 목소리도 가꿀 수 있습니다. 승만 부인처럼 올바른 가르침을 널리 전해서 중생을 교화하고자 원력을 세운 분들일수록 목소리를 잘 가꾸어야 합니다. 부처님의 원음으로 만 중생이 구제되듯 잘 다듬은 목소리로 올바른 가르침을 잘 받아들이는 공덕에서 더 나아가 널리 전하는 공덕을 지었으면 합니다.

거듭 강조하건대, 승만경 제4 바른 가르침을 받아들인다는 내용을 담은 섭수정법장의 대의는 정말 제대로 된 법〔정법〕을 실천 수행해서 나의 삶을 바르게 변화시켜나가겠다는 것입니다. 어떻게 실천할 것인가? 우리가 즐거운 마음으로 승만경을 읽다 보면 체득이 되리라 믿습니다. 보살의 실천 덕목인 육바라밀六波羅蜜〔布施, 持戒, 忍辱, 精進, 禪定, 般若〕을 한 가지 두 가지씩 늘려서 실천하신다면 우리 안에 저장된 여래의 씨앗이 발현되어 바로 지금 이 자리에서 부처님처럼 살아갈 수 있으리라 믿어 의심치 않습니다.

제5장

하나의 길

一
乘
章

대승, 모든 법의
근원

부처님께서 승만에게 말씀하셨다.

"그대가 이제 다시 모든 부처님께서 설한 바 올바른 가르침을 받아들이는 일에 대하여 설하여라."

승만이 부처님께 사뢰었다.

"훌륭하십니다, 세존이시여! 오직 부처님의 분부를 따르겠습니다."

그리고 곧 부처님께 말씀드렸다.

"세존이시여, 올바른 가르침을 받아들이는 일은 곧 대승입니다. 왜냐하면, 대승이라는 것은 모든 성문·연각의 세간·출세간의 선법善法을 낳기 때문입니다. 세존이시여, 아뇩대지에서 여덟 개의 큰 강이 생기는 것과 같습니다. 이와 같이 대승은 모든 성문·연각과 세간·출세간의 선법을 낳습니다.

세존이시여, 또한 모든 씨앗이 대지大地에 의거하여 자라는 것과 같이 모든 성문·연각의 세간·출세간의 선법도 대승에 의지하여 자라는 것입니다. 그러므로 세존이시여, 대승에 머무르며 대승을 받아들이는 것이 곧 이승二乘에 머물러서 이승의 세간·출세간의 선법을 받아들이는 것이 됩니다."

모든 물줄기를
다 받아들이는 바다처럼…

대승불교의 최고 경전으로 손꼽히는 법화경의 종지가 바로 회삼승귀일승會三乘歸一乘입니다. 원제목이 승만사자후일승대방편방광경勝鬘師子吼一乘大方便方廣經인 데서도 알 수 있듯이 승만경의 종지 또한 법화경과 마찬가지로 일승입니다. 이 제5장은 승만경에서 가장 중요한 가르침인 일승一乘에 대하여 조목조목 상세하게 설하고 있습니다.

일승은 최고의 뛰어난 가르침으로 모든 대승법大乘法의 근원, 바탕이라 할 수 있습니다. 법화경의 회삼승귀일승처럼 성문승聲聞乘·연각승緣覺乘·보살승菩薩乘이 모두 다 일불승一佛乘으로 돌아가는 것입니다. 승만 부인은 부처님의 말씀을 따라서 일불승, 최고의 가르침을 설하겠다고 하면서 "올바른 가르침을 받아들이는 일은 곧 대승[摩訶衍]"임을 밝히고 있습니다.

대승을 여럿이 함께 탄다고 하여 '마하연摩訶衍'이라고도 표현하는데, '크다' '큰 가르침'이라는 뜻으로 마하연나摩訶衍那(mahā-yāna)에서 줄인 말입니다. '대승'이라고 하면 대체로 그 상대적 개념인 '소승小乘'을 생각하게 되는데, 이것은 대승불교가 탄생하면서 대승불교도들이 폄하하고자 하는 의도에서 그 이전의 불교를 소승불교라고 부른 데서 유래됐습니다. 지역적으로는 중국·한국 등 북방으로 전해진 불교를 대승불교라 하고, 미얀마·스리랑카 등 남방으로 흘러간 불교를 소승불교라고 합니다.

하지만 동남아 등 남방에서는 소승불교라는 말을 쓰지 않고 근본불교라는 표현을 주로 쓰고, 원시불교·초기불교라고도 합니다. 부처님의 생생한 육성이 담긴 경전을 근본불교 경전이라고 하는데, 그 대표적인 경전이 우리가 잘 알고 있는『숫타니파타』입니다.『숫타니파타』는 제가 개인적으로 좋아하는 경전이기도 한데, 일상생활 속 지혜가 가득 담겨 있고, 특히 행복과 고통에 대해 대화하듯이 설해 놓으신 장면이 마치 부처님께서 살아 돌아오신 듯 생생하게 와 닿습니다.

아무튼 경전을 두고 '대大다 소小다' 하는 표현은 맞지 않습니다. 무엇보다 부처님의 뜻을 그대로 듣고 느낄 수 있어야 합니다. 대승경전과 소승경전을 구분하지 말고 함께 공부하면 생각의 폭이 더 넓어집니다. 아울러 대승이니 소승이니 하는 구분은 하지 않는 게 좋습니다. 그저 불교의 한 부파인 열린 불교로 이해하면 아주 편안할 것입니다.

한편 "대승이 모든 성문·연각의 세간·출세간의 선법善法을 낳기 때문이며, 이는 아뇩대지阿耨大地에서 여덟 개의 큰 강이 생기는 것과 같다", "모든 씨앗이 대지大地에 의거하여 자라는 것과 같이 모든 성문·연각의 세간·출세간의 선법도 대승에 의지하여 자라는 것"이라는 비유를 들어 설명하고 있습니다.

흔히 불교를 바다 같은 종교라고 합니다. 불교 경전에는 위와 같이 아뇩대지에서 강이 여러 갈래로 나뉘는 것과 같은 비유와 아울러 여러 개의 강이 큰 바다에 도달하면 이름과 성을 버리고 다만 바다라고만 말한다는 비유를 자주 들고 있습니다. 앞의 것은 대승·일승이 모든 삼승을 다 포함한다는 뜻이고, 뒤의 것은 불평등이 뼛속까지 물들인 카스트 제도에서 중생을 해탈시켜 주고자 한 비유입니다.

더러운 물이든 맑은 물이든, 강물이든 냇물이든, 빗물이든 샘물이든 차별하지 않고 다 받아들이는 바다처럼 부처님께서는 모든 중생의 절대 평등한 생명 존엄성, 다시 말해 중생 모두에게 본래 깃들어 있는 여래장을 드러내어 부처로 살라고 독려하는 것입니다. 부처님은 인간과 천상 모든 중생을 아우른 대스승이시자 사회 개혁가요, 여성의 입장에서 보면 최상 최고의 페미니스트라 할 수 있습니다.

여섯 가지
요점

"마치 세존께서 설하시는 여섯 가지 요점〔六處〕과 같습니다. 여섯 가지 요점이란, 올바른 가르침의 유지〔正法住〕, 올바른 가르침의 소멸〔正法滅〕, 계본〔波羅提木叉〕, 교단의 규범〔毘尼〕, 출가하는 것, 구족계를 받는 것입니다. 대승을 위하기 때문에 이러한 여섯 가지 요점을 설하는 것입니다. 왜냐하면 올바른 가르침의 유지는 대승을 위하기 때문이니, 대승의 유지가 곧 올바른 가르침의 유지라고 설하는 것입니다. 올바른 가르침의 소멸은 대승을 위하기 때문이니, 대승의 소멸이 곧 올바른 가르침의 소멸이라고 설하는 것입니다.

계본과 교단의 규범, 이 두 가지는 뜻은 하나인데 이름만 다른 것입니다. 교단의 규범은 곧 대승의 배움입니다. 그것은 부처님을 의지하고 출가하여서 구족계를 받기 때문입니다. 그러므로 대승의 계(大乘威儀戒)가 교단의 규범이며, 출가이며, 구족계를 받는 것이라 설하는 것입니다. 즉 아라한의 길에는 출가도 구족계를 받음도 없는 것입니다. 왜냐하면, 아라한 스스로도 여래에게 의지하여 출가하고 구족계를 받기 때문입니다."

여성이 수행하기 더 좋은 까닭

여기서 말하는 육처六處는 '안眼·이耳·비鼻·설舌·신身·의意' 즉 눈·귀·코·혀·몸·뜻의 육근이 나오는 곳으로 육입六入이라고도 합니다. 육입은 육근의 대상이 되는 여섯 가지 경계인 육경六境이라고도 하는데 육경은 중생의 마음을 갖가지로 물들이는 색色·성聲·향香·미味·촉觸·법法을 말합니다.

좀 더 자세히 설명하면, 눈의 대상은 색色입니다. 색은 눈에 보이는 모든 것을 뜻하는데, 크게 세 가지로 해석할 수 있습니다. 방원장단方圓長短 등 일체 형상은 모두 색입니다. 또한 청황적백青黃赤白도 색입니다. 어떤 모양을 한 것도 색이고 빨강 노랑 파랑 등의 빛깔도 색입니다.

이외에 또 다른 색이 있습니다. 바로 이성異性입니다. 이성도 색입니다. 남성의 입장에서 여색女色이라는 말이 주로 쓰입니다. 경전에서도 색을 조심하라는 말이 많이 나오는데, 남색男色을 조심하라는 말은 전혀 나오지 않습니다. 항상 여색을 조심하라는 내용

뿐입니다.

여기에서도 여성과 남성의 차이점을 알 수 있습니다. 남성은 여성에 비해 색, 즉 이성적 욕망에 좀 더 취약하다는 것을 증명해 주는 것 같지 않습니까? 그런 면에서 여성은 정신적으로 수행하기 훨씬 더 좋은 조건을 갖췄다고도 할 수 있습니다. 적어도 남성보다는 색에 휘둘리는 일이 훨씬 적기 때문입니다.

저는 경전을 읽을 때 색을 조심하라는 부분이 나오면 미소가 절로 지어집니다. 체질적으로 수행에 힘쓰기 좋은 정신이라는 것이 얼마나 중요한지 알기 때문입니다. 아무튼 경전 강의를 할 때 색에 대한 내용이 나오면 반드시 이성적인 측면의 색에 대해서도 설명해 줍니다. 그것이 더 정확한 해석이라는 생각이 들어서입니다.

여기에서는 대승을 위해서 "올바른 가르침의 유지[正法住], 올바른 가르침의 소멸[正法滅], 계본[波羅提木叉], 교단의 규범[毘尼], 출가하는 것, 구족계를 받는 것" 등의 육처를 설한다고 했습니다. 첫 번째 정법주에 대해서는 금세 이해하겠지만 정법멸에 대해서는 조금 의아하실 것입니다.

이는 정법이 멸하는 길에 대해 미리 인식하고 법이 멸하지 않도록 미리 애쓰라는 뜻을 함축하고 있습니다. 그러기 위해서 계율을 지키고 교단의 규범을 지켜 대승불교 수행자 스스로의 수행도 돕고 주위 사람들이 대승불교 수행자들의 모범적인 수행생활을 보고 신뢰하고 의지함으로써 자연스레 정법이 널리 전해질 수 있기 때문입니다.

그리하여 많은 사람들이 출가하여 구족계를 받는 것 자체가 대승에 올라 해탈하는 길이며 세상을 밝히는 길이 되는 것입니다. 게다가 끝부분에 "아라한 스스로도 여래에게 의지하여 출가하고 구족계를 받기 때문"이라는 것은 소승불교의 최고계위인 아라한의 귀의에 대해 강조함으로써 성문·연각이 대승에 들어오는 것을 뜻합니다. 한마디로 이제 소승은 없고 진실한 가르침인 대승만이 오롯이 남아 있다는 것을 일깨워주는 단락입니다.

아라한의
귀의

"아라한은 부처님께 귀의합니다. 아라한은 두려워하고 있습니다. 왜냐하면, 모든 지어진 것(行)에 대해서 두려워하는 생각이 있기 때문입니다. 마치 칼을 갖고 자기를 해치러 오는 어떤 사람을 만나는 것과 같습니다.

그러므로 아라한은 완전한 즐거움이 없습니다. 세존이시여, 의지처는 다시 의지할 대상을 구하지 않기 때문입니다. 마치 의지처가 없는 중생은 그러한 두려움이 있으며, 그러한 두려움으로 말미암아 곧 귀의처를 구하는 것과 같습니다. 아라한의 경우에도 두려움이 있으며, 두려움으로 말미암아 여래에게 의지합니다."

독각은 미완의 깨달음, 두려움이 남게 된다

아라한은 산스끄리뜨어로 아르핫(arahat)이며 나한이라 약칭합니다. 응공應供이라 한역漢譯하여 마땅히 공양을 받을 만한 분, 살적殺賊이라 하여 번뇌의 적을 죽인 분, 불생不生이라 하여 다시는 태어나지 않는다는 뜻을 갖고 있지요.

앞에서 말씀드렸듯이 아라한은 소승의 교법을 수행하는 성문사과 중에서 가장 높은 계위를 성취한 분입니다. 삼계의 미혹을 끊고 공부가 완성되어 존경과 공양을 받을 수 있는 성인의 지위가 아라한입니다. 아라한이라는 용어는 여래의 열 가지 호칭[十號] 중의 하나로서 성문 아라한과 구별하기 위해서 한역경전에서는 아라하라고도 표기했습니다.

그런데 왜 아라한이 두려움에 떨며 완전한 즐거움이 없을까요? 공부가 완성되어 성인의 지위에 오른 아라한이 왜 두려움으로 말미암아 여래에게 의지하는 것일까요?

여기에 소승불교와 다른 대승불교의 목적이 명확하게 드러나 있습니다. 대승불교는 공부의 완성만을 추구하지 않습니다. 혼자만의 깨달음은 반쪽짜리입니다. 상구보리 하화중생해야 하는 것입니다. 정신적인 것이든 물질적인 것이든 혼자 누리는 것은 외롭기도 하고 두렵기도 하고 즐겁지도 않습니다. 예를 들어, 아주 가난한 동네에 자기 혼자만 대궐 같은 집을 짓고 산다고 해 보세요.

불안하고 두려워서 담장을 높이 쌓게 될 것입니다. 폐쇄적인 공간에서 혼자만의 즐거움을 누린다는 것은 참으로 어불성설입니다.

아라한이 여래께 귀의한다는 것은 소승이 부처님의 뜻을 올곧게 이은 대승에 귀의한다는 뜻입니다. 앞에서도 말씀드렸듯이 부처님의 뜻은 "모든 중생들의 이익과 안락과 행복을 위하여 길을 떠나라"는 전도 선언에 확실하게 나타나 있습니다.

소승이 교리 연구 등의 현학적 태도로 혼자만의 즐거움에 빠져 있을 때, 대승은 큰 수레에 중생을 다 실어 건진다는 뜻 그대로 괴로운 중생들을 구원하기 위해서 대승불교 운동을 일으켰던 것입니다. 대승불교 운동을 이끄는 동력으로서 여성, 그것도 재가여성이 주인공으로 부처님 대신 법을 설하는 승만경이 있다는 것만으로도 큰 힘이 됩니다.

여래만이 얻는
열반의 세계

"세존이시여, 아라한과 벽지불은 두려움을 갖습니다. 또한 아라한과 벽지불에게는 업의 잔재가 남아 있습니다[有餘]. 윤회·재생으로 이어지는 성질[生法]이 다하지 않았으므로 태어남이 있으며 업의 잔재가 있습니다. 청정한 행이 이루어지지 않았으므로 순수하지 않으며, 일이 완전하지 않았으므로 마땅히 지어야 할 바가 있습니다. 피안에 이르지 못했으므로 마땅히 끊어야 할 바가 있습니다. 왜냐하면, 오직 여래·응공·정등각만이 완전한 열반을 얻으며 모든 공덕을 성취하기 때문이며, 아라한과 벽지불은 모든 공덕을 성취하지 못하기 때문입니다.

'열반을 얻는다'는 것은 오직 부처님의 방편일 뿐이니 오직 여래만이 완전한 열반을 얻으며, 한량없는 공덕을 성취합니다. 아라한과 벽지불은 한량이 있는 공덕을 성취할 뿐입니다. '열

반을 얻는다'는 것은 오직 부처님의 방편일 뿐이니 오직 여래
만이 완전한 열반을 얻으며, 가히 생각할 수 없는 공덕을 성취
하는 것입니다. 아라한과 벽지불은 생각할 수 있는 공덕만을
성취할 뿐입니다.

'열반을 얻는다'는 것은 오직 부처님의 방편일 뿐이니 오직 여
래만이 완전한 열반을 얻으며, 마땅히 끊어야 할 모든 허물을
모두 끊으며 가장 훌륭한 청정을 성취하는 것입니다. 아라한과
벽지불은 허물을 남겨 가장 훌륭한 청정을 성취할 수 없습니
다. '열반을 얻는다'는 것은 오직 부처님의 방편일 뿐이니, 오직
여래만이 완전한 열반을 얻어서 모든 중생이 존중하는 바 되며
아라한·벽지불·보살의 경계를 넘어서는 것입니다. 그러므로
아라한과 벽지불은 열반의 세계와는 거리가 먼 것입니다.

'아라한과 벽지불이 해탈의 네 가지 지혜를 관찰하며 마침내
번뇌가 쉬는 경지(蘇息處)를 얻는다'는 것 역시 여래의 방편이
니, 업의 잔재를 남기는 것이고 궁극적인 뜻을 다 드러내지 못
한 가르침(不了義說)일 뿐입니다."

| 편식이 건강을 해치듯
| 수행도 완전하고 원만하게…

아라한과 벽지불이 두려운 것은 업의 잔재가 남아 있기 때문이
고 나고 죽는 괴로움에서 벗어나지 못하고 피안에 이르지 못하기

때문임을 분명히 밝히고 있습니다. 또한 아라한과 벽지불의 공덕은 완전하지 못하고 오직 여래만이 완전한 열반과 공덕을 성취한다는 것을 강조하는 내용입니다.

벽지불은 산스끄리뜨어로 프라티에카 붓다(pratyeka-buddha)로서 혼자 수행하여 깨달았다고 하여 독각獨覺, 인연법을 관하여 깨달았다고 하여 연각緣覺이라고도 합니다. 앞에서 말씀드린 소승의 교법을 수행하는 성문 사과 중 가장 높은 계위인 아라한이나 혼자서 인연법을 깨달은 벽지불의 경지를 어찌 부처님의 완전한 열반과 비교할 수 있겠습니까?

열반은 빠알리어로 닙바나(nibbaana), 산스끄리뜨어로 니르와나(nirvāṇa)의 음을 따서 한역漢譯한 것입니다. 한역경전에서는 열반을 열반나涅槃那·니원泥洹이라고도 음사하였으며, 멸멸·적멸寂滅·멸도滅度·원적圓寂·무위無爲·무생無生·무작無作 등이라고 번역했습니다.

열반의 산스끄리뜨어인 니르와나의 어원을 살펴보는 것만으로도 그 뜻을 잘 알 수 있습니다. 니르와나는 소멸한다는 뜻을 가진 nir와 불다라는 뜻을 가진 vāṇa의 합성어로서 문자 그대로 '불어서 소멸된 것, 불을 끈 상태'를 뜻합니다.

부처님께서는 여러 경전에서 '갈애가 소멸한 것'이 열반이라고 말씀하셨는데, 보통 탐욕·성냄·어리석음의 삼독三毒의 불을 끄고 모든 번뇌의 속박에서 벗어나 진리를 체득한 경지를 뜻합니다. 이는 상응부에서 사리뿟따(사리불) 존자가 "탐욕의 소멸, 성냄의 소멸, 어리석음의 소멸이 바로 열반"이라고 정의하고 있는 데서 기인한 듯하고, 열반이 불교용어로 정착하면서 완전한 해탈을 의미하게 되었습니다.

다시 말해서 열반은 모든 종류의 갈애가 다 사라진 경지이며, 탐욕[貪]과 성냄[瞋]과 어리석음[癡]으로 표현되는 모든 좋지 않은 것들이 다 불어서 꺼진 상태입니다. 어떻게 하면 이 좋지 않은 것들을 불어서 완전히 끄고 부처님과 같은 경지에 이를 수 있을까요?

아라한과 벽지불만 해도 대단한 경지인데, 그 성자들조차 업의 잔재가 남아 있고, 생사의 괴로움에서 벗어나지 못했다 함은 아직도 더 닦아야 할 것이 더 남아 있다 하니 우리 중생들은 얼마나 더 닦아야 할까요? 그런데 부처님께서는 여덟 가지 바른 길[八正道: 正見, 正思惟, 正語, 正業, 正命, 正精進, 正念, 正定]의 실천을 통해서 열반을 성취할 수 있다고 분명하게 말씀해 주셨습니다.

팔정도를 다 닦아서 깨달음·열반을 성취하는 것이 요원해 보일 수도 있습니다. 깨달음·열반을 생각하면 부담스럽다는 분도 많습니다. 우리와는 아주 먼 삼천대천세계 혹은 삼대 아승지겁阿僧祇劫을 지나서 석가모니 부처님처럼 몇 백 생을 닦아야 깨달음이 오고 열반이 올 것이라고 생각하거나 자기와는 무관한 길이라고 여기는 분들도 많습니다. 하지만 저는 그렇지 않다고 봅니다.

저는 출가자出家者이고 여러분은 재가자在家者로서 승만경을 함께 공부하는 수행자입니다. 그런데 우리가 건강과 행복만 추구한다면 수행에 별 관심 없는 세상 사람과 다르지 않습니다. 적어도 불자라면 건강과 행복은 아주 당연한 것이고 거기에서 나아가 큰 원력과 깨달음이 있어야 합니다.

절에서는 법회나 큰 행사 때 대중공양을 하시는 분들이 많습니다. 절에서는 여러 사람을 위해 대중공양을 올리신 분들에게 고마움을 표하고 행사장에서 찬탄의 박수를 올리기도 합니다. 자신의 재물을 내놓는 대중공양 역시 매우 복된 일이고 큰 공덕이 됩니다. 하지만 재물 공양에서 더 나아가 깨달음을 구하고 중생을 구제하겠다는 보리심菩提心을 내야 합니다. 우리가 지금 이 책을 읽는 것도 다 깨달음을 향한 하나의 아주 훌륭한 방편이라 할 수 있습니다.

다만 편식하면 건강에 문제가 생기듯이 수행하는 과정에 두루두루 참선도 해 보고, 절도 해 보고, 법문도 들어 보고, 염불도 해 보고, 화엄경·승만경 등 경전도 공부하면 더 좋습니다. 깨달음으로 향하는 우리의 마음이 중요합니다. 모든 수행법은 우리 안에 본래 깃든 원만하고 결함 없는 부처님의 마음을 보는 수단이고 방법입니다.

| 홀가분한 자유,
| 집착 없음도 깨달음의 일환이다

수행을 통하여, 특히 이 책, 『승만경을 읽는 즐거움』을 읽을 때는 더더욱 '나는 어떻게 살고 있는가? 깨달음·열반을 이루었는

가? 피안에 도달했는가?' 하면서 우리의 마음을 점검해 봐야 합니다.

깨달음이란 무엇인가? 건강과 행복은 생명이 있는 중생이라면 누구나 추구하는 인생 목적이라 할 수 있습니다. 하지만 깨달음은 관심이 있는 사람도 있고 없는 사람도 있습니다. 그러나 우리는 시시때때로 법회 때마다 사홍서원을 세우고 진리가, 법이 끝없고 깊지만 깨닫겠다고 다짐합니다. 우리는 모두 깨달음을 목표로 이런저런 수단과 방법을 동원해서 깨달음을 향해 나아가는 여정에 있다고 할 수 있습니다.

여러분은 깨달음을 향해 잘 걸어가고 계십니까? 저는 사실 깨달음에 대해 어렵고 무겁게 생각하지 않습니다. 이 책을 다 읽고 났을 때, 아니 책 읽기뿐만 아니라 일상사 모든 일에 있어서 아주 홀가분하고, 깨끗하게, 상쾌하고, 기분이 좋아서 찌꺼기가 전혀 없으면, 즉 집착이 남아 있지 않으면 그 자체를 깨달음이라고 생각합니다.

뭐든지 깔끔하게 마치지 못하고 더 하고 싶다거나 아쉬움이 남으면 그것은 집착이 남아 있는 것입니다. 만나고 싶은 마음이 남아 있으면 집착이고, 결국 못 만나서 괴로운 것은 집착 때문입니다. 집착이 괴로움의 원인이라 할 수 있습니다. 무슨 일을 하든지 최선을 다하고 집착이 없으면 홀가분한 자유를 누릴 수 있지요. 규칙이나 구속에서 해방되는 자유는 그것을 온전히 지켰을 때 오히려 완전한 자유를 느낄 수 있습니다. 깨달음은 대자유의 다른 이름이라 할 수 있습니다.

깨달음·열반을 형이상학적으로 어렵게 생각하지 마세요. 일상 속에서 최선을 다한 상태, 홀가분한 자유, 집착 없음이라 생각하시면 됩니다. 그때그때 최선을 다하고 정성을 다한 뒤 결과에 대해 연연하지 않고 집착하지 않으면 됩니다. 여덟 가지 바른 길을 조금씩 실천함으로써 자기 자신과 다른 사람에게 도움이 된다면 좋겠지요.

남에게 도움을 주고도 그에 집착하지 않고 자유로울 수 있는 것 또한 깨달음의 경지라 할 수 있는데, 마음먹기에 따라서 참 쉬운 일입니다. 남이 또 다른 나라고 생각한다면, 내가 나에게 뭔가를 주고 생색을 낼 수 있을까요?

또한 우리 삶은 일회성이 아니라 머나먼 전생부터 이어져 온 삶이라 할 수 있는데, 남에게 돈을 떼였을 때 원통해 할 것이 아니라 전생의 빚을 갚았다 치면 마음 편합니다. 집착하지 않고 괴롭지 않고 자유로울 수 있습니다. 일상에서 이런 마음을 갖고 사는 것이 깨달음의 삶입니다.

두 가지
죽음

"왜냐하면, 두 가지 죽음이 있기 때문입니다. 두 가지 죽음이란
이른바 육체적 죽음(分段死)과 부사의한 변화로서의 죽음(不思議
變易死)입니다. 육체적 죽음은 거짓된 중생의 죽음을 말하는 것
이며, 부사의한 변화로서의 죽음은 아라한·벽지불·대력大力
보살의 의생신意生身이며 궁극적으로 위없는 깨달음입니다.
두 가지 죽음 가운데 육체적 죽음으로 말미암아 아라한과 벽지
불의 지혜-'나의 생은 이미 다했다(我生已盡)'-를 설하게 됩니다.
업의 잔재가 남게 되는 과보를 얻기 때문에 '청정한 행은 이미
완성했다(梵行已立)'고 설하는 것입니다. 범부와 인천人天의 과
보를 얻을 중생은 능히 판단하지 못하고, 아라한이 되기 전 일
곱 단계의 성자들은 그 이전에는 끊지 못하였던 허망한 번뇌를
끊었으므로 '지어야 할 바는 모두 마쳤다(所作已辨)'고 설하게 됩

니다. 아라한과 벽지불이 끊은 바 번뇌는 다시 미래의 윤회하
는 삶[後有]을 받지 않으므로 '미래의 윤회하는 삶을 받지 않는
다[不受後有]'고 설하는 것입니다. 그러나 사실은 모든 번뇌를 다
없앤 것도 아니며 또한 다시는 모든 생을 받는 것을 다한 것도
아니기 때문에 '다시는 미래의 윤회하는 삶을 받지 않는다'고
설하는 것입니다. 왜냐하면, 번뇌가 있기 때문입니다."

중생의 뜻에 따라
몸을 바꾸다

"두 가지 죽음이란 이른바 육체적 죽음[分段死]과 부사의한 변화
로서의 죽음[不思議變易死]"이라 하였는데, 무슨 뜻인지 대략 유추
할 수 있겠지요?

우리 생명 있는 중생들은 모두 의식하는 기관과 보는 것과 보이
는 대상과 더불어 살다가 죽습니다. 그러한 것을 분단사分段死라고
하는데, 분단分段은 머리·몸·허리·팔·다리 등 각각 나누어져
있는 육신을 가지고 있는 것, 그것이 살고 죽는 것을 말합니다. 그
런데 분分은 반드시 시時분을 가지고 있습니다. 30이면 30, 100세
면 100세 시간적 한정을 가진 것을 분단사라고 합니다. 즉 육체에
는 형단이 있고 생명에는 분한·시한이 있다는 것입니다.

어리석은 질문이지만, "몇 살에 가겠는가?" 하는 질문에 "모른
다"는 대답이 현명한 답이지요. 가는 길에는 순서가 없기 때문입

니다. 60세가 됐든 80세가 됐든 생명의 분한을 가지고 있고, 육체적으로는 각각 나누어지는 형체를 가지고 있는 삶을 분단생사分段生死라고 합니다. 우리 중생은 모두 다 육신과 생명의 분한을 제한적으로 가지고 분단생사할 수밖에 없는 존재입니다. 중생의 육신은 모습을 가지고 있고, 명命에는 분한이 있다는 말입니다. 그리고 의식意識은 조그만 누에고치 속처럼 18계라는 작은 범위에서밖에 살 수 없습니다.

승만경에서는 죽음을 말하다 보니 분단사라고 하였지만 정식으로는 분단생사입니다. 이 범위 안에서 살고 죽을 수밖에 없고, 이러한 것을 제대로 인정해야만, 오히려 초월하는 삶을 살 수 있습니다.

"두 번째 죽음은 부사의한 변화로서의 죽음〔不思議變易死〕"이라 하였는데, 무슨 뜻인지 아시겠습니까?

변變과 역易은 둘 다 바꾼다는 뜻입니다. 우리는 변하고 바꿀 수 있습니다. 지금부터라도 '승만경을 공부하는 이 시간 이후로 내 삶을 좀 바꾸겠다. 사고방식을 바꾸겠다'라고 다짐하고 변하면 됩니다. 정법正法으로 좋지 않은 버릇을 고쳐서 좋은 버릇으로 전환하겠다는 것은 변역입니다. 그렇게 사는 삶을 변역생사變易生死라고 합니다.

분단생사하는 것은 중생 쪽의 일입니다. 18계 안에서 그야말로 언제 죽을지도 모르는 상황에서 아옹다옹 살아가는 것을 분단생사 즉 중생의 생사라고 한다면 변역생사는 마음대로 바꿀 수 있으니 얼마나 편리하겠습니까? 중생을 위해서 그 몸으로 바꾸는 것입니다. 왕위를 희구하는 중생을 위해서는 왕자의 몸으로, 아기의 몸을 원하면 아기의 몸으로, 비구·비구니의 몸을 원하면 비구·비구니의 몸으로 나타내 주는 것입니다. 그런 분이 바로 관세음보살님이십니다. 보살의 생사가 변역생사인 것입니다. 생명이나 육신의 한계 없이 하고 싶은 대로 할 수 있는 분들이 보살입니다.

이렇게 뜻에 따라, 나고 죽음을 생각대로 하는 것을 의생신意生身이라고 합니다. 생각만으로도 기분이 좋네요. 분단생사分段生死의 몸에서 확 벗어나면 의생신인 변역생사變易生死를 할 수 있는 것입니다. 저는 이런 경지에 오르는 것이야말로 승만경을 공부하는 이유 중 하나라고 생각합니다. 제가 이렇게 말하면, '변역생사는 불보살이나 할 수 있는 일인데, 현실적으로 불가능한 일인데…'라고 하면서 의문을 품으실 분들이 있을 것입니다.

하지만 결코 그렇지 않습니다. 이생에 불보살처럼 뜻대로 몸을 바꾸어 변역생사할 수 있는 방법이 있습니다. 모든 편견을 버리고 상대방의 뜻에 온전히 맞춰 주고 지혜로우면서도 자비롭게 그의 괴로움을 없애주고 즐거움을 더해 주는 것입니다. 그리고 마침내 보리심을 갖게 하고 이룰 수 있도록 도와주는 것입니다.

아라한과 벽지불이 분단생사는 벗어났으나 업의 잔재가 남아 있고, 변역생사를 이루지 못한 것은 자기 스스로 청정한 행을 이미 완성하여 깨달았다, 지어야 할 바를 모두 마쳤으며, 미래에 윤회하는 삶을 받지 않는다고 하는 자만심과 우월감 때문입니다. 아라한과 벽지불의 깨달음은 그 자체가 곧 번뇌가 남아 있음을 증명하는 것입니다. 자만심과 우월감은 중생 구제의 걸림돌입니다. 이런 마음 상태로는 중생을 위한 변역생사는 꿈도 꾸지 않습니다. 지혜와 자비 양 날개가 제대로 작동해야 날 수 있는데, 지혜만 오롯하고 자비심이 부족한 사람이 어찌 다른 사람을 위해 몸을 변화시키면서까지 그 사람의 괴로움을 덜어주는 일을 할 수 있겠습니까?

앞에서도 누누이 얘기했지만, 대승불교는 홀로 깨닫고 깨달음에 안주하는 것을 절대적으로 경계합니다. 지혜와 자비, 상구보리와 하화중생이 항상 같이 가야 한다는 것을 가슴에 새겨두시길 바랍니다.

번뇌,
그 계보

"이와 같이 아라한과 벽지불이 능히 끊지 못한 번뇌에는 두 가지가 있는데 잠재적 번뇌[住持煩惱]와 현재적 번뇌[起煩惱]가 그 것입니다. 다시 잠재적 번뇌에는 한 곳만을 보는 편견 속에 잠재되어 있는 번뇌[見一處住持煩惱], 욕망의 집착 속에 잠재되어 있는 번뇌[欲愛住持煩惱], 육체의 집착 속에 잠재되어 있는 번뇌[色愛住持煩惱], 윤회 생존의 집착 속에 잠재되어 있는 번뇌[有愛住持煩惱]의 네 가지가 있습니다. 이 네 가지 잠재적 번뇌가 모든 현재적 번뇌를 일으키는 것입니다. 현재적 번뇌는 찰나의 일이니 찰나의 마음에 상응하여 일어나는 것입니다.

세존이시여, 마음과 서로 상응하지 않는 것이 언제 비롯되었는지 알 수 없는 무명의 잠재적 번뇌[無始無明住持煩惱]입니다.

세존이시여, 이러한 네 가지 잠재적 번뇌의 힘은 모두 부수적 번뇌(上煩惱)의 의지할 종자가 되는 것이지만, 무명의 잠재적 번뇌의 큰 힘에 비교하면 산수算數나 비유로도 미칠 수 없는 것입니다.

세존이시여, 이와 같이 무명의 잠재적 번뇌는 욕망의 집착 속에 잠재되어 있는 번뇌나 네 가지 잠재적 번뇌보다 힘이 있습니다. 무명의 잠재적 번뇌의 힘이 가장 큰 것입니다. 마치 악마 파순波旬이 타화자재천보다도 모습·힘·수명·도구·자재가 뛰어난 것과 같습니다.

무명의 잠재적 번뇌의 힘이 윤회 생존의 집착 속에 잠재되어 있는 번뇌나 네 가지 잠재적 번뇌보다도 그 힘이 가장 뛰어난 것이니, 갠지스 강의 모래알만큼이나 많은 부수적 번뇌의 의지하는 바 되며, 역시 네 가지 잠재적 번뇌를 오래 머물도록 하는 것입니다. 아라한과 벽지불의 지혜로도 능히 끊지 못하며 오직 여래의 깨달음의 지혜가 능히 끊을 바입니다. 이와 같이 세존이시여, 무명의 잠재적 번뇌가 가장 힘이 센 것입니다."

| 죽음에 대한 기억은
| 모든 좋은 일의 원천

죽음과 번뇌에 대해 평소 생각해 본 적이 있으십니까? 사실 죽음이라는 단어는 생각조차 하기 싫을 것입니다. 번뇌도 역시 마찬가지겠지요. 사실 삶에서 만나고 싶지 않은, 그냥 지나가면 좋을

듯한 부담스러운 단어라고 할 수 있습니다. 그러나 죽음과 번뇌는 살아가면서 늘 동행하고 있는 것이기에 관심을 가져야 합니다. 티베트 황교黃敎의 개조開祖로서 티베트불교를 개혁시키고,『보리도차제론菩提道次第論』의 저술로도 유명한 쫑카빠(1357~1419) 대사는 "자기가 죽지 않으리라는 생각은 모든 퇴보의 원천이고, 이것에 대한 치료법은 죽음에 대해 기억하는 것인데, 이것은 모든 좋은 일의 원천이다"라고 할 정도로 죽음에 대한 명상을 강조했습니다.

죽음과 번뇌에 대한 깊은 사유는 삶의 깊이를 더해주고 수행에 대한 관심은 물론이고 일상생활도 더욱 최선을 다해 살 수 있는 원동력이 됩니다.

사람에게 족보가 있듯이 번뇌에도 계보系譜가 있습니다. 아라한과 벽지불은 끊지 못하고, 부처님만이 끊을 수 있는 번뇌는 무엇이겠습니까? 결국 번뇌를 완전히 끊으면 완전한 열반에 이른 부처님이 되는 것입니다. 초기경전에 다음과 같은 내용이 있습니다. 부처님께서 제자들과 같이 가야시 산에 오르셨다가 붉게 물든 노을을 보시며 이렇게 말씀하셨다고 합니다.

"비구들이여, 모든 것이 불타고 있다. 눈이 불타고 있다. 눈에 비치는 형상이 불타고 있다. 이와 같이 눈·귀·코·혀·몸과 형상을 받아들이는 마음도 불타고 있다. 어떤 불에 의해 타고 있는가? 탐욕의 불·분노의 불·어리석음의 불에 의해 타고 있다.

비구들이여, 이와 같은 불길들은 왜 일어나는가?

'나' 스스로 일으킨 망상이 부싯돌이 되어 어리석음의 검은 연기를 피워 올리고 탐욕과 분노의 불길을 일으키기 때문이다. 이 불길은 점점 세차게 타올라 '나'와 중생을 집어 삼키고 '나'와 중생을 태우게 되느니라.

중생들은 모두 탐욕과 분노와 어리석음이라는 세 가지 독, 즉 삼독三毒의 거센 불길로 인해 나고 늙고 병들어 죽는 세계를 윤회하게 되고, 근심과 슬픔과 고통과 번민 속에서 헤어나지 못하게 되느니라.

비구들이여, 탐욕과 분노와 어리석음의 세 가지 불길이 거세게 타오르는 것은 오직 '나'에 대한 애착 때문이니, 세 가지 불을 멸滅하고자 한다면 먼저 '나'에 대한 애착을 끊어버려야 한다. 나에 대한 애착을 끊을 수 있게 되면 세 가지 불길은 스스로 꺼지고 윤회의 수레바퀴는 저절로 멈추며 모든 괴로움은 자취 없이 사라지게 되느니라.

삼독의 불길이 너희들 안에서 타고 있다. 이것을 빨리 멸하지 않으면 안 된다. 삼독의 불길을 주의 깊게 닦아라. 주의 깊게 닦아 하루 빨리 삼독의 불길을 멸하여야 하느니라."

— 아함경

위와 같이 부처님께서는 번뇌를 탐·진·치 삼독심 세 가지로 집약하여 하루 빨리 삼독의 불길을 멸해야 한다고 간곡하게 말씀해 주셨습니다. 먼저 번뇌에 대해 알아야 끊을 수 있으니 좀 더 구체적으로 살펴보겠습니다. 번뇌는 다른 말로 나를 흔드는 것, 흔들리게 하는 것이라고 할 수 있는데, 크게 두 가지로 나눌 수 있습니다.

첫째 근본번뇌입니다. 즉 "아라한과 벽지불이 능히 끊지 못한 번뇌에는 두 가지가 있는데 근본번뇌, 즉 잠재적 번뇌〔住持煩惱〕와"라는 내용에서도 알 수 있듯 본래부터 자리 잡고 있는 주지번뇌입니다.

이때의 주지住持는 머물러 있는 토대, 반드시 그 자리를 지키면서 움직이지 않으려고 하는 것으로 근본번뇌根本煩惱, 근본무명根本無明이라고도 합니다. 한마디로 터줏대감 같은 번뇌입니다. 배우지 않고 익히지 않아도 처음부터 가지고 온 번뇌라는 말입니다. 주지번뇌라는 말은 승만경에서만 나오는 표현이고, 일반적으로는 근본번뇌라고 해야 통합니다.

근본번뇌는 또 '탐貪ㆍ진瞋ㆍ치癡ㆍ만慢ㆍ의疑' 다섯 가지로 크게 나눌 수 있는데, 탐은 탐욕ㆍ진은 성냄ㆍ치는 어리석음ㆍ만慢은 교만ㆍ의疑는 의심을 뜻합니다. 여기서 의심은 화두에 대해 의문을 품는 것과는 달리 처음부터 근본을 믿지 않고 의심부터 하는 것을 말합니다. 진리는 물론이고 상대방이나 어떤 사물에 대해서도 의심부터 시작하는 것은 굉장한 번뇌라 할 수 있습니다.

다섯 가지 근본번뇌 중에 가장 처음 나오는 것이 탐입니다. 우리는 무엇을 탐하는지 생각해 보십시오. 대부분의 사람들은 재

財·색色·식食·명名·수睡와 같은 오욕五慾을 탐합니다. 재물을 탐하고, 이성異性을 탐하고, 음식을 탐하고, 명예를 탐하고, 잠자는 것을 탐합니다.

이성에 대해서는 개인적으로 차이는 있겠지만 근본적으로 육신을 가진 중생은 이러한 탐욕을 다 가지고 있다 해도 과언이 아닙니다. 출가 수행자인 학인스님들에게도 가끔 물어보면, 실컷 잠자고 싶다는 대답을 듣곤 합니다.

탐욕의 원인과 해결 방법을 알아야 문제를 풀고 번뇌에서 벗어날 수 있습니다. 혹시 맛 기행을 목적으로 외국에 간 적이 있다면 그런 경우는 식탐이라 할 수 있습니다. 최소한 음식을 먹기 위해 먼 나라로 여행 가는 일은 없었으면 합니다. 사람들은 성격에 따라 그 내용은 다르지만 끊임없이 본능적으로 탐합니다. 명예에 큰 상처를 입게 되어 자살하는 경우를 본 적도 있습니다.

식욕과 수면욕은 몸을 가진 존재 누구에게나 잠재되어 있는 본능일 뿐만 아니라 생명을 유지하는 데 필수적인 요소인지라 조절해야 할 뿐 없앨 수는 없습니다. 그러나 나머지 재물욕과 색욕과 명예욕은 생명 유지와는 관련이 없는 것으로 완전히 놓아버릴 수도 있는 것입니다.

게다가 더 조심스러운 것은 이 세 가지 욕망에 사로잡히면 천하에 쓸데없는 화를 낸다는 것입니다. 식욕과 수면욕 때문에 화를 벌컥 내는 것보다는 나머지 세 가지 욕망 때문에 탐내고 성내고 어리석은 삼독심에 휘둘리는 것을 자주 보게 됩니다. 수행자도 마찬가지입니다.

그래서 출가해서부터 지금까지 인욕이 힘이라는 말씀을 가슴에 새기면서 살고 있습니다. 물론 참는 것만이 능사는 아닙니다. 잘못 참으면 병이 될 수도 있기 때문입니다. 물론 지나치게 화를 내는 것보다는 참는 게 미덕인 경우가 훨씬 더 많습니다.

그런데 이러한 탐·진·치 삼독심이 왜 일어났는지를 한 번쯤 생각해 보아야 합니다. 근본번뇌인 탐·진·치를 중심으로 크고 작게 일으키는 모든 번뇌를 가리켜 가지를 쳐서 나온다 하여 지말번뇌枝末煩惱, 따라서 나온다 하여 수번뇌隨煩惱라고도 합니다.

부처라는 것을 믿는 순간
번뇌가 스러진다

이렇듯 지말번뇌, 수번뇌, 근본번뇌의 작용으로 우리는 수많은 생각과 번뇌를 일으키면서 지금 이 순간에도 중생 노릇을 하고 삽니다. 이러한 온갖 번뇌 덕분에 본래 우리에게 내재되어 있는 여래의 씨앗이 발아를 못하는 것입니다. 한편 아라한과 벽지불이 능히 끊지 못한 번뇌인 근본번뇌를 주지번뇌住持煩惱라고 합니다. 주住는 토대를 꽉 잡는 안주安住, 지持는 꽉 가진다는 뜻입니다.

저도 현재 출가한 지 40년 만에 주지라는 소임을 맡아서 살고 있습니다. 주지로서 어떻게 하면 잘 살 수 있을까 고심하다가 선배 어른스님들을 찾아뵈었습니다. 그때 어른스님들께서 중요한 말씀을 일러 주셨습니다.

"주지의 본뜻은 안주정법安住正法하여 집지교화執持教化한다는 것이다. 본인이 본래 청정한 법에 안주하여 수행한 내용을 교화하는 것이 주지의 소임이요, 주지의 본뜻임을 알아야 한다."

사찰은 수행자가 머물면서 수행하고 교화教化 · 포교를 하는 곳입니다. 결국, 모든 수행자는 자기 수행과 더불어 포교라는 절대적인 의무가 있습니다. 그래야만 사찰이 부처님 도량으로서의 기능을 다하게 되는 것입니다. 사찰에 상주하는 스님들과 불자들이 반드시 수행 · 교화의 역할을 해야 합니다.

그런데 정법에 안주하는 것만큼 번뇌 또한 안주하여 그 번뇌의 부림을 당하면서 옳지 않은 짓도 하는 게 사람입니다. 자기의 마음 상태에 따라 번뇌의 크기도, 분량도 달라지는 것입니다. 우리 마음이 청정하고 좋을 때는 온 세계를 끌어안을 만큼 너그럽다가도 어떤 때는 아주 작은 것도 용납하지 못할 정도로 분심忿心과 원한심이 나오는 것도 번뇌의 작용 때문입니다.

"무명의 잠재적 번뇌의 힘이 윤회 생존의 집착 속에 잠재되어 있는 번뇌나 네 가지 잠재적 번뇌보다도 그 힘이 가장 뛰어난 것이니, 이것은 갠지스 강의 모래알만큼이나 많은 부수적인 번뇌의 의지하는 바가 되며, 역시 네 가지 잠재적 번뇌를 오래 머물도록 하는 것입니다"라는 경전 말씀은 근본번뇌가 얼마나 무서운 것인지 알게 해 줍니다. 만일 근본번뇌가 해결되면 따라서 나오는 번뇌는 자연히 없어집니다. 한편 변일체처遍一切處번뇌, 욕애慾愛번뇌, 색애色愛번뇌 유애有愛번뇌 등 네 가지 잠재적 번뇌의 다른 이름이 아주 많은 것을 보더라도 불교에서 얼마나 세세하게 번뇌를 다스리는 법을 살폈는지 알 수 있습니다.

욕애번뇌는 욕심과 사랑 때문에 갖게 되는 번뇌, 색애번뇌는 빛깔과 모양, 그리고 이성異性 때문에 생긴 번뇌, 유애번뇌는 윤회해서 다음생에 또 태어나게 되어 괴로운 번뇌입니다. 윤회의 근본이 번뇌이므로, 번뇌가 다 끊어지면 윤회 또한 없어집니다. 윤회가 없으면 우리에게 다음 생은 없으니 자연히 번뇌가 없어지는 것입니다.

언젠가 도반스님의 어머니 49재齋를 모시는데, 제가 법문을 하게 되었습니다. 그때 제 마음에는 우리 어머니를 보내드리는 마음과 똑같은 마음이었습니다. 도반스님의 어머니의 모습이 우리 출가자들의 모든 어머니의 모습으로 가슴에 새겨져 있었기 때문입니다. 도반스님의 어머니는 대구에 사시면서 아주 오랜 세월 운문사 사리암까지 기도하러 다니셨습니다. 그리곤 운문사 담장 너머로 비구니스님들의 일상을 지켜보면서 '다음 생에는 반드시 청정하고 정갈한 이런 도량에서 수행하는 비구니스님으로 태어나겠다'는 원력을 세우셨답니다.

이렇게 원력을 세우고 기도하던 도반스님의 어머니는 당신의 생을 아름답게 마무리하고 돌아가셨습니다. 그 인연으로 제가 운문사에서 49재를 모시면서 법문을 하게 된 것 같습니다.

우리가 세세생생 닦아야 할 업業이 남아 있다면 그런 좋은 원력을 세워야 합니다. 그리고 그대로 그렇게 업을 닦아나가면 됩니다. 우리가 지금 승만경을 읽는 것도 좋은 업이 됩니다. 승만경은 대승경전으로 일승一乘, 여래장如來藏 사상, 즉 내가 곧 부처라는 사상을 담고 있기에 승만경을 수지 독송하고, 실천하려 애쓴다면 무명의 잠재적 번뇌를 뛰어넘을 수 있는 것입니다.

윤회 생존의 집착 속에 무명의 잠재적 번뇌의 힘이 잠재되어 있습니다. 그렇기 때문에 집착을 하나둘씩 놓아버리면 근본무명번뇌가 하나둘씩 없어집니다. 그러면 그만큼의 깨달음이 오고 마침내 윤회할 필요가 없어지겠지요. 유애有愛번뇌가 없어지면 다음 생生에 태어남이 없어진다는 것을 명심하십시오.

이렇게 긴 시간을 반복하여 번뇌를 설명하는 것은 우리 삶의 주체가 번뇌이기 때문이며 이 주체를 본래 청정한 자리로 바꾸자는 것입니다. 부처님 경전을 통하여 이해한 바로는 오래 걸리는 것이 아닙니다. 삼백 년 동안 어두웠던 암흑을 삼백 년 동안 불을 밝혀서 없애는 것이 아니고 한순간에 스위치를 누르면 밝혀지는 전등불과 같습니다. 내가 부처라는 사실을 믿는 순간 바로 번뇌가 스러지고, 또 부처님이 바라시는 행위를 할 때 바로 부처가 되는 것입니다.

위와 같이 번뇌는 일상생활 속에서 늘, 바로 지금 이 자리에서 체험하고 있고 지니고 있는 문제이니 깊이 있게 공부할 필요가 있습니다.

평소에 어떤 내용의 번뇌를 많이 일으키고 살고 있는지 생각해 보십시오. 좋아하는 관심사가 다 다르듯이 번뇌도 다 다를 것입니다. 그 번뇌의 이름이 돈인지 건강인지 권력인지 한번 생각해 보십시오. 여러분은 어떤 번뇌에 더 잘 휘둘리고 계십니까?

여기에서는 크게 잠재적 번뇌와 현재적 번뇌로 나누고 있습니다. 또한 잠재적 번뇌는 편견, 욕망의 집착, 육체의 집착, 윤회 생존의 집착 속에 잠재되어 있는 번뇌를 거론하면서 이 네 가지가 현재적 번뇌를 일으킨다고 했습니다. 현재적 번뇌는 찰나 간에 이루어지는 일입니다. 그런데 경전에서는 그 무엇보다 언제 시작되었는지 알 수 없는 무명의 잠재적 번뇌의 큰 힘에 대해 강조하고 있습니다.

무명은 지혜가 없는 어리석은 상태로서 무지라고 표현하기도 하는데, 십이연기 가운데 첫 번째로서 무명으로 인하여 업을 짓게 되고 업으로 인하여 12연기가 연달아 일어나게 되는 것입니다. 무명은 유식학파에서는 근본번뇌라 하고, 『대승기신론』에서는 번뇌 망념을 일으키는 것이라고 합니다. 한마디로 무명에서 벗어나지 않으면 해탈 열반을 얻을 수 없는 것입니다.

그래서 불교에서는 가장 먼저 무명에서 벗어나라고 합니다. 무명에서 벗어나기 위해서 모든 편견을 놓아버리고 바로 지금 이 자리의 진실만을 제대로 바라보라고 합니다. 생각해 보면, 어떤 사람은 받은 것이 전혀 없어도 예쁘고 어떤 사람은 받으면서도 별로 기분이 좋지 않은 경우도 있었을 것입니다. 우리는 무명의 잠재적 번뇌의 힘을 이미 생활 속에서 느끼고 있습니다.

무명에서 벗어날 수 있는 것 또한 무명을 인정하는 순간 어느 정도 해결됩니다. 앞서 말씀드렸듯이 무명은 언제 시작되었는지도 모르는 어리석음입니다. 그 알 수 없는 어리석음에 휘둘려 괴로워할 필요가 없는 것이지요. 그냥 받아들이면 됩니다. 인정해 주면 됩니다. 상대방이 도저히 이해할 수 없는 경우가 있을 것입니다. 굳이 자기 식대로 이해하려 하지 말고 그 사람을 그대로 받아주십시오.

시작도 없는 무명에 가려져서 아무리 이해하려 해도 이해할 수 없는 상태에서 괴로워하지 말고 그를 그대로 받아주면 그도 행복하고 나도 행복해집니다. 내가 온전히 받아주면 그도 마음 문을 열게 되고 제대로 소통할 수 있게 됩니다. 소통하다 보면 서로 원인을 알게 되고 번뇌하던 것, 괴로워하던 것이 얼마나 어리석었는지 깨닫게 됩니다.

우리는 부처님이 이루신 완전한 열반을 꿈꾸어야 합니다. 하지만 한편으론 우리의 삶을 열반에 송두리째 희생시켜서는 안 된다는 생각이 듭니다. 비록 불완전한 열반이라 할지라도 우리 삶 속에 열반사덕을 생생하게 구현하며 살아가는 것이 더 절실하다고 봅니다.

부처님만이
끊을 수 있는 번뇌

"세존이시여, 또한 집착(取)이 유루有漏의 업인業因으로 말미암아 세 가지 존재(三有)를 낳는 것과 같이, 이러한 무명의 잠재적 번뇌 역시 무루업無漏業의 원인으로 말미암아 아라한·벽지불·대력大力의 원인으로 말미암아 아라한·벽지불·대력大力보살의 세 가지 의생신意生身을 낳는 것입니다.

이러한 세 가지 지위와 그러한 세 가지 의생신의 생 및 무루업의 생은 무명의 잠재적 번뇌에 의지한 것이므로 연이 있는 것이지 연이 없는 것이 아닙니다. 그러므로 세 가지 의생신 및 무루업은 무명의 잠재적 번뇌로 말미암은 것입니다.

세존이시여, 이와 같이 윤회 생존의 집착 속에 잠재되어 있는 번뇌의 업과 함께 하는 것이 아닙니다. 무명의 잠재적 번뇌는 네 가지 잠재적 번뇌를 떠나는 것과 달라서, 불지佛地에서 끊는 바이며 부처님의 깨달음의 지혜로써 끊는 바입니다.

왜냐하면, 아라한과 벽지불도 네 가지 잠재적 번뇌는 끊을 수 있지만 무루업은 끊지 못해서 자재력을 얻지 못하며 역시 깨달음을 얻지 못합니다. 무루업을 다 끊지 못하는 것은 곧 무명의 잠재적 번뇌 때문입니다."

머무는 마음이 없으면 집착도 괴로움도 없다

앞에서도 나왔는데, 대력보살에 대해 먼저 설명해 드리겠습니다. 많은 세월 동안 수행해서 세세생생 위없는 깨달음의 대력보살이 되는 것은 아닙니다. 지금 이 순간 나를 살피듯이 길을 가는 사람도 살필 수 있습니다. 예를 들면, 건물의 현관문에 부딪쳐서 다치는 경우가 많다고 합니다. 문을 여닫을 때 뒷사람이 있는지 없는지 조금도 배려하지 않은 데서 그런 사고가 발생하는 겁니다. 실제로 현관문을 뒤도 돌아보지 않고 힘차게 획 여닫는 이들을 더러 보았습니다. 아주 작은 일 같지만 뒤를 돌아보고 뒷사람이 손잡이를 잡을 때까지 기다려 주는 것도 대력보살의 행입니다.

보살행을 크게 해야 한다고 생각하면 부담스럽지만, 이와 같이 아주 작은 것부터 살피고 실천하는 것도 훌륭한 보살행입니다. 이런 것 따로 떼어 놓고 큰 보살행이 따로 없습니다. 그냥 휴지 한 장이라도 절약하면서 검소儉素하게 사는 것도 두타행頭陀行이고 수행입니다. 보살행을 큰 것만 생각한다면 생활 속에서 실천하고 살기가 쉽지 않습니다. 또한 작은 것을 실천하면 남는 마음이 없습니다. 뒷사람 배려하면서 문을 열고 닫았다 해서, 검소하게 산다고 해서 잘했다는 상을 내는 사람은 없을 것입니다. 남는 마음이 없는 것, 머무는 마음이 없는 것이 금강경에서 말하는 무주상無住相이고, 승만경에서 말하는 변역變易입니다. 이렇게 살면 변역생사變易生死가 되고 매우 자유롭습니다. 바라는 것이 있을 때 집착을 하게 되고, 집착을 하게 되면 매이게 되고, 매이면 당연히 괴로움이 따르게 마련입니다. 이와 같이 집착하는 마음을 조금도 남기지 않고 내 일처럼 내 몸처럼 하는 것이 진정한 대력大力보살입니다.

집착이 생사의 뿌리이기도 하고 괴로움의 근원이기도 합니다. 생각해 보십시오. 결혼하신 분들은 남편이나 부인에게 매여 있는가? 자식에게 매여 있는가? 수명과 육신에 매여 있는가? 어디에도 매이지 않는 것을 자유롭다고 말합니다. 건강하게 살 만큼 살다가 때가 되면 두려워하지 않고 자유롭고 편안하게 갈 수 있는 마음이 있다면 생生과 사死에 자유로운 것입니다. 그것이 바로 깨달음이라 할 수 있습니다. 부처님을 깨달으신 성인, 대자유인이라고 하는 까닭도 거기에 있습니다.

중생들은 대부분 재財 · 색色 · 식食 · 명名 · 수睡에 대한 욕망과 집착에 매여 있습니다. 대중매체의 광고판에서 이 시대의 트렌드를 읽을 수 있습니다. 요즘 사람들의 관심사를 적나라하게 보여주는데 예나 지금이나 건강과 행복이 한결같은 인생 목적인 것 같습니다. 건강하고 행복하게 100세까지 잘 살다가 다음 생에도 또 그렇게 살아야지 하는 것이 바로 집착입니다. 그것이 바로 수자상壽者相입니다. 금강경에서 말하는 네 가지 상인 아상我相·인상人相·중생상衆生相·수자상壽者相 중의 하나인 것입니다. 사상 중 어느한 가지에라도 매이면 자유롭지 않습니다. 사실 어떤 일에 대해 집중적으로 파고드는 성의는 중요하지만, 무엇이든 괴로울 정도로 집착하는 것은 바람직하지 않습니다. 어떤 집착이든 번뇌를 낳기 때문입니다.

짚새기 부처, 말에 떨어지지 말고 본뜻을 알아차리라

번뇌에 대해서 더 살펴보겠습니다. 번뇌는 끊어야 하고 없어져야 하는 것입니다. 그 번뇌로 인해서 중생적인 삶을 살 수밖에 없다면 당연히 그리 해야겠지요. 그렇기 때문에 번뇌란 무엇일까에 대해 깊은 관심을 가져야 합니다. 대부분의 사람들은 평소 번뇌에 관심이 없습니다. 번뇌에 묻혀 살다보면 번뇌에 대해 무감각해질 수도 있습니다. 승만경을 읽으면서 번뇌의 계보를 찾아가다 보면 지금까지 몰랐던 번뇌에 대해 새삼스럽게 알게 되면서 번뇌를 끊는 법을 자연스럽게 익힐 수 있으리라 생각합니다.

번뇌는 우리의 삶 속에서 밥을 먹지 않으면 살 수 없는 것처럼 떠나보내려야 떠나보낼 수 없는 것처럼 느껴지기도 합니다. 어찌 보면 적당한 스트레스는 약이 된다는 말이 있듯이 번뇌 또한 삶의 원동력이 될 수도 있습니다. 심지어 번뇌가 클수록 깨달음이 크다고 합니다. 담금질을 통해 강철이 더 단단해지는 것과 같은 이치입니다.

번뇌의 사전적 의미는 "몸과 마음을 번거롭게 괴롭히고 어지럽혀서 더럽게 하는 정신작용이다"라고 되어 있습니다. 우리의 삶을 맑고 편안하게 하는 것이 아니라 청정한 본성에 자꾸 번거롭게 생각을 일으키는 것을 말합니다. 절에 와서 큰스님 법문을 듣거나 경전을 보거나 가장 자주 접하는 말이 번뇌보다는 '본래 청정本來淸淨'입니다. 우리의 본성本性이 본래청정이고 부처님이라는 말이지요.

아주 어릴 적에 불교도 모르고 수행修行은 당연히 모를 때, 처음으로 들은 말이 '중생이 곧 부처'라는 말이었습니다. 심즉시불心卽是佛, 마음이 곧 부처라는 말은 몸에 밸 정도로 자주 듣던 말이었습니다.

어느 경상도 노스님께서 노보살님들을 상대로 선법문禪法門을 하셨습니다. 그런데 스님의 경상도 사투리가 아주 심하셨나 봅니다. 스님께서는 '심즉시불'을 말씀하셨는데, 그 자리에 있던 어느 노보살님은 '짚새기가 부처'라고 잘못 알아들으신 것입니다. 그 노보살님은 노스님께 법문을 듣고 나서부터 '짚새기 부처'를 화두삼아 온 힘을 쏟아서 정진했습니다. 열심히 수행해서 결국 깨달음을 얻었다고 합니다. 짚새기가 부처든 마음이 부처든 그 말에 떨어지지 않고, 노스님 법문의 본뜻을 알아차리고 용맹 정진한 데서 깨달음을 이룬 것입니다.

기도도량의 기적 같은
영험의 비결

제가 사는 경북 청도의 운문사에는 사리암이라는 암자가 있습니다. 나반존자님이 모셔져 있는 사리암은 예부터 기도 영험이 아주 크다고 알려져 있는 도량입니다. 사리암에서는 나반존자 정근을 하는데, 나반존자를 빨리 염불하다 보면 '나만 좋다'라고 들리는 경우도 있습니다. 사실 나만 좋으면 안 되는데도 나만 좋다고 잘못 알아듣고 일심으로 기도하다 보니 기도 성취가 되었다는 영험 사례도 있습니다. 아무튼 사리암 외에도 전국에 영험 있는 기도도량이 많습니다. 왜 그렇게 영험 있는 도량이라고 하겠습니까? 실제로 그러한 기도도량에서는 오늘날 상식으로는 도저히 이해할 수 없을 정도로 기적 같은 영험 사례가 아주 많습니다.

모든 영험 있는 기도도량을 찾는 분들의 마음에 벌써 영험에 대한 믿음이 자리하고 있습니다. 게다가 이미 말씀드렸듯이 우리에게는 이미 여래장, 부처의 씨앗이 깃들어 있습니다. 생각해 보십시오. 남자 어린아이가 자라서 성인남자가 되듯이 중생이 부처가 될 수 있는 이치는 이미 중생 속에 부처의 씨앗이 내재해 있기 때문입니다. 영험 있는 도량에 대한 믿음이 내면 깊이 잠들어 있는 여래장에 먼저 싹을 틔우고, 기도도량에 찾아가서 간절하고 정성스러운 마음으로 기도하면 싹이 자라서 꽃이 피고 열매가 맺게 되는 것처럼 기도 영험이 있게 되는 것입니다.

또한 기도를 하면 내면의 잠재적 번뇌, 윤회 생존의 집착 속에 잠재되어 있는 번뇌의 업을 없앰으로써 장애가 사라지고 원하는 것마다 성취를 하게 됩니다. 그런데다가 기도도량은 늘 영험을 성취한 분들의 에너지가 응축되어 있고, 주위를 둘러봐도 간절히 기도하는 분들이 많으니 그 에너지가 서로 서로 영향을 받아 더 큰 시너지 효과를 발휘함으로써 다른 데서 정진하는 것보다 훨씬 더 빨리 성취할 수 있게 되는 것이지요. 한마디로 그곳에 모인 불자님들의 마음이 부처님의 마음입니다.

그런데 기도 성취를 한 분들도 살펴보면 실망스러운 면도 있을 것입니다. 분명히 대단한 분이긴 한데, 인격적으로 감화받지 않는 경우가 있습니다. 그분도 아라한과 벽지불·대력보살과 같이 아직은 수행이 덜 되었기 때문입니다. 무루업의 잠재적 번뇌를 완전히 끊은 분은 오직 부처님뿐이라는 것을 강조한 대목에서도 그와 같은 현상을 미루어 짐작할 수 있습니다.

불완전한
열반

"세존이시여, 아라한, 벽지불, 최후신最後身의 보살은 무명의
잠재적 번뇌에 덮여 있기 때문에 저러한 모든 법에 대하여 알
지 못하고 깨닫지 못합니다. 알지 못하기 때문에 마땅히 끊어
야 할 바를 끊지 못하며 구경究竟에 이르지 못합니다. 끊지 못
하기 때문에 나머지 허물이 남아 있는 해탈[有餘過解脫]이라 이
름하며, 모든 허물을 떠나 있는 해탈이 아니기 때문에 업의 잔
재가 남아 있는 청정[有餘解脫]이라 이름합니다. 모든 청정이 아
니기 때문에 업의 잔재가 남아 있는 공덕[有餘功德]을 성취할 뿐
이라 이름합니다. 모든 공덕을 성취하는 것이 아니기 때문에
업의 잔재가 남아 있는 해탈, 업의 잔재가 남아 있는 청정, 업
의 잔재가 남아 있는 공덕을 이루는 것입니다.

그러므로 업의 잔재가 남아 있는 괴로움[苦]을 알며, 업의 잔재

가 남아 있는 괴로움의 원인(集)을 끊으며, 업의 잔재가 남아 있는 괴로움의 소멸을 증득하며(滅), 업의 잔재가 남아 있는 괴로움의 소멸에 이르는 길(道)을 닦는 것이니, 이를 불완전한 열반을 얻을 뿐이라고 이름하는 것입니다. 불완전한 열반을 얻는다함은 열반의 세계를 향하는 것이라 이름합니다."

삶은 고苦 즉
번뇌로 이루어져 있다

승만경의 5장은 승만경의 중심 사상인 일승 사상을 구체적으로 서술하고 있는 내용입니다. 일승에 대해 일깨워 주기 위해서 이승 곧 아라한과 벽지불, 더 나아가 최후신 보살과 부처님의 경지에 대한 차이를 알려줌으로써 일승에 대한 믿음을 불러일으키는 작용도 합니다. 5장 역시 앞의 내용에 이어서 아라한과 벽지불의 미완성 깨달음과 부처님의 완전한 깨달음을 구별하여 강조해 주는 대목입니다.

그런데 여기에서 주목할 점은 뒷부분의 "업의 잔재가 남아 있는 괴로움(苦)을 알며, 업의 잔재가 남아 있는 괴로움의 원인(集)을 끊으며, 업의 잔재가 남아 있는 괴로움의 소멸을 증득하며(滅), 업의 잔재가 남아 있는 괴로움의 소멸에 이르는 길(道)을 닦는 것이니, 이를 불완전한 열반을 얻을 뿐이라고 이름하는 것입니다. 불완전한 열반을 얻는다 함은 열반의 세계를 향하는 것이라 이름합니다"라는 구절입니다.

여기에서도 불교의 실천적 원리를 나타내는 고·집·멸·도 사성제를 만난다는 점입니다. 사성제는 네 가지 성스러운 진리라는 말에서도 알 수 있듯 진리 자체입니다. 삶은 고苦 즉 번뇌로 이루어졌고, 번뇌는 집착에서 비롯되었으며, 번뇌 즉 괴로움을 멸한 것이 삶의 궁극적 목적인 열반이요, 열반을 성취하기 위해서는 도를 닦아야 한다는 것입니다.

사성제는 근본불교의 가장 중요한 불교 교의인데, 여기에서는 그것이 불완전한 열반을 얻을 뿐이요, 열반의 세계를 향하는 것이라 이름한다는 내용이 압권입니다. 일승, 대승불교의 우위를 이렇게 표현한 것입니다. 이승은 일승으로 향하는 것이요, 일승을 얻은 사람이야말로 바른 깨달음을 이룬 부처님이라는 것입니다.

열반의 맛

"누구라도 모든 괴로움을 알고 모든 괴로움을 일으키는 집착을 끊으며 모든 괴로움의 소멸을 증득하고 모든 괴로움의 소멸에 이르는 길을 닦는다면, 무상하게 부서지는 세간, 무상하게 병든 세간에서 항상 머무르는 열반을 얻을 것이며, 보호해 주는 이 없는 세간, 의지할 이 없는 세간에서 보호해 주는 이가 되고 의지할 이가 될 것입니다.

왜냐하면, 법에는 뛰어남과 열등함이 없기 때문에 열반을 얻으며, 지혜가 평등하기 때문에 열반을 얻으며, 해탈이 평등하기 때문에 열반을 얻으며, 청정이 평등하기 때문에 열반을 얻습니다. 그러므로 열반은 하나의 맛(一味)이고 같은 맛(等味)이니, 이른바 해탈의 맛(解脫味)입니다.

세존이시여, 만약 무명의 잠재적 번뇌를 끊지 못하고 다 마치지 못한 사람은 하나의 맛, 같은 맛-이른바 지혜의 맛, 해탈의 맛-을 얻지 못합니다.

왜냐하면, 무명의 잠재적 번뇌를 끊지 못하고 다 마치지 못한 사람은 갠지스 강의 모래알보다도 더 많은 마땅히 끊어야 할 법을 다 끊지 못했으며 갠지스 강의 모래알보다도 더 많은 법을 마땅히 얻어야 하는데도 얻지 못하고 마땅히 깨달아야 하는데도 깨닫지 못하는 것입니다.

그러므로 무명의 잠재적 번뇌가 쌓여서 모든 수도(修道)를 통해서 끊어야 할 번뇌와 부수적 번뇌를 낳으며, 그것은 마음을 장애하는 번뇌, 지(止)를 장애하는 번뇌, 관찰(觀)을 장애하는 번뇌, 선정을 장애하는 번뇌, 삼매(正受)를 장애하는 번뇌, 방편을 장애하는 번뇌, 지혜를 장애하는 번뇌, 과보를 장애하는 번뇌, 얻음을 장애하는 번뇌, 힘(力)을 장애하는 번뇌, 두려움 없음을 장애하는 부수적 번뇌 등을 낳습니다.

이와 같이 갠지스 강의 모래알보다도 더 많은 부수적 번뇌는 여래의 보리, 지혜가 끊어야 할 바이니, 그 모든 것은 다 무명의 잠재적 번뇌가 지은 바입니다. 모든 부수적 번뇌가 일어나는 것은 모두 무명의 잠재적 번뇌를 원인으로 하고 무명의 잠재적 번뇌를 조건으로 하는 것입니다."

고 · 집 · 멸 · 도 사성제를 닦으면 무상한 세간에서 열반을 얻을 것이며, 누구라도 의지할 수 있는 존재가 된다는 것을 역설하고 있습니다. 이 말은 결국 참다운 열반이 아니라 무상한 세간의 불완전한 열반을 의미합니다.

아라한과 벽지불은 갠지스 강의 모래알보다도 많은 무명의 잠재적 번뇌를 끊지 못했기 때문에 '하나의 맛, 같은 맛-이른바 지혜의 맛, 해탈의 맛-'을 얻지 못한다고 강조합니다. 상대의 세계에 머무는 인간이 절대평등의 세계를 알아차리기는 쉽지 않겠지요. 하지만 분별심을 버리고 대립관계에서 벗어나 하늘에서 내리는 비가 온 천하를 적시듯이 평등 일미의 세계를 인식한다면 그리 어렵지 않게 알아차릴 수 있는 세계이기도 합니다.

대승불교에서 추구하는 것, 다시 말해 승만경에서 추구하는 일승은 절대평등의 세계입니다. 모든 중생이 부처가 될 수 있는 성품을 가지고 있다는 절대평등성을 주장하는 것입니다. 자기가 잘났다는 특권의식이 없을 뿐만 아니라, 나와 남을 구별하는 상대적 세계가 아닌 평등일여의 절대적 세계입니다. 처음부터 본래 부처, 본래 성불의 이치에서 태동한 것이 대승불교요, 그것을 뒷받침해 주는 것이 일승 사상 · 여래장 사상입니다.

열반도 어렵게 생각하지 말았으면 합니다. 그저 궁극적인 행복이라 생각하십시오. 그런데 행복이라는 것은 막연하고 추상적일 수 있습니다. 기준이 따로 정해진 것도 아니고 정의가 내려진 것도 아니고 각각 나름대로 기준이 다를 수 있습니다.

밝고 행복한 그 순간만큼은
당신은 부처님

저와 함께 지금 승만경을 읽고 있는데 여러분, 행복하십니까? 승만경은 '경전'입니다. 불교 경전은 어렵고 심오하다는 선입견을 갖고 계실 것입니다. 또한 '강의' '해설' 등등의 용어가 갖고 있는 뉴앙스는 딱딱합니다. 딱딱하다는 것은 그다지 좋지 않은 의미로 다가옵니다. 사실 저 개인적으로도 딱딱한 것을 그다지 좋아하지 않습니다. 딱딱한 것의 반대는 부드러움이고, 부드럽다는 것은 건강하다는 뜻입니다.

가만히 살펴보세요. 건강한 몸과 마음을 가진 부모님이나 친구 또는 가까운 사람을 생각해 보면 몸을 움직이는 것이 부드럽습니다. 편안할 때는 마음도 부드럽습니다. 부드럽다는 것은 굉장히 건강하다는 것을 증명하는 것이기도 합니다. 몸과 마음이 건강해서 매사 부드럽게 살 수 있다는 것만으로도 행복한 것입니다.

길을 가는 사람에게 어떻게 살고 싶으냐고 물어보십시오. 대부분 건강하고 행복하게 살고 싶다고 할 것입니다. 자신이 원하는 것처럼 남에게 해 주는 덕담도 "건강하고 행복하라"고 합니다.

저는 행복은 밝음이라는 생각을 해본 적이 있습니다. 우리가 한 공간에서 공부하며 함께 바라보는 표정이 아주 밝은 것은 행복하다는 증거이기도 합니다. 불을 환하게 켠 것처럼 밝은 표정이 행복한 마음을 드러낸 것입니다.

궁극적 행복이라 할 수 있는 열반은 어떨까요?

온 우주의 이치를 다 알고, 무명의 잠재적 번뇌까지 다 없애서 모든 어둠을 일시에 밝혀 완전히 밝아진 경지를 열반이라 해도 지나친 표현은 아닐 것입니다. 여러분, 열반을 어렵게 생각하지 마세요. 생활 속에서 열반을 누리며 살 수 있습니다. 밝게 웃는 모습, 밝은 표정만 지어도 됩니다. 밝은 그 순간만큼은 당신은 부처님이 된 것입니다. 그러한 시간이 길면 길수록 부처님으로 살아가는 시간이 늘어나는 것입니다.

이제부터라도 부처님으로 살아가는 시간을 늘리신다면 그 밝은 표정, 그 밝은 마음이 행복 바이러스가 되어 우리 사는 세상 바로 그만큼의 열반의 맛을 누리며 살아가는 세상, 불국토가 될 것입니다.

무명의 잠재적
번뇌를 끊으라

"세존이시여, 여기서 현재적 번뇌는 찰나의 마음을 찰나에 상응하여 일어나는 것입니다. 세존이시여, 마음과 서로 상응하지 않는 것이 언제 비롯되었는지 알 수 없는 무명의 잠재적 번뇌〔無始無明住持煩惱〕입니다.

세존이시여, 여래의 보리·지혜가 마땅히 끊어야 할 법이 갠지스 강의 모래알보다도 더 많더라도, 그 모든 것은 모두 무명의 잠재적 번뇌가 지니는 바 되고 건립하는 바 됩니다. 비유하면, 마치 모든 씨앗이 모두 땅에 의지하여 나고 건립하고 자라는 것과 같습니다. 만약 땅이 무너지면 그 씨앗도 무너지는 것과 같아서, 이와 같이 여래의 보리·지혜가 마땅히 끊어야 할 법이 갠지스 강의 모래알보다 더 많더라도 모두 따라서 끊어지게 됩니다.

이와 같이 해서 모든 번뇌와 부수적 번뇌를 끊고, 여래가 얻을 바 모든 법-갠지스 강의 모래알보다도 더 많은-에 통달하며 모든 지견에 걸림 없이 되고 모든 과오過惡를 떠나며 모든 공덕을 얻은 법왕, 법의 주재자로서 자재를 얻으며 모든 법의 자재로운 경지에 오를 수 있을 것입니다.

여래·응공·등정각께서는 '나의 생은 이미 다했으며, 청정한 행은 이미 완성했으며, 지어야 할 바는 이미 마쳤으며, 미래의 윤회하는 삶은 받지 않는다'라고 사자후獅子吼하십니다. 그러므로 세존께서는 궁극적인 가르침에 의지하여 총체적 설명〔一向記〕을 설하셨습니다."

사람마다 하고 싶은 것이
다른 까닭은 무엇일까?

무명의 잠재적 번뇌에 대해서 계속해서 설명해 주고 있습니다. 지금 이 순간의 마음을 순간에 작용해서 일어나는 현재적 번뇌에 비해 무명의 잠재적 번뇌는 언제 비롯되었는지 알 수 없는, 그래서 마음과 서로 상응하지 않는 것이라고 합니다. 무명의 잠재적 번뇌로 인해 일어나는 일들은 깨닫기 전에는 정말 이해할 수 없을 것입니다.

이 대목을 읽는데 승가대학 1학년 과정 치문의 처음 서문에 나오는, '중생의 근욕성根欲性이 다른지라'라는 구절이 떠올랐습니다. 각기 다른 성격과 감정을 가진 중생마다 하고 싶어 하는 것이 다르다는 것입니다. 출가 수행자도 마찬가지입니다. 경전만 해도 어떤 스님은 화엄경을 더 좋아하고 또 다른 스님은 금강경을 더 좋아하기도 하고, 법화경을 더 좋아하기도 합니다. 그뿐만 아닙니다. 경전 독송을 좋아하는 사람도 있지만 참선 수행을 더 좋아해서 요즘에는 덜하지만 예전에는 출가한 지 얼마 안 된 스님들 중에 선방부터 가는 분들이 있었습니다.

이렇듯 사람마다 근욕성이 다릅니다. 우리는 지금 승만경을 보고 싶어 하는 근욕성으로 그 많은 경전 가운데 승만경을 읽고 있는 것입니다. 저는 이 구절을 본 지 40년이 지난 지금도 잊을 수 없습니다. 지금까지 그 원인을 깊이 생각하게 되었습니다.

왜 다를까요? 아주 중요한 이유가 있습니다.

개미는 기어 다니는 것만 좋아하고, 굼벵이는 아주 천천히 움직이는 것을 좋아할까요? 저는 경전을 보는 게 즐겁습니다. 저에게 만일 일반 여성잡지를 보라고 하면 전혀 재미가 없을 것입니다.

다양한 답이 있겠지만, 업력業力을 첫손에 꼽을 수밖에 없습니다. 즉 카르마(karma)에 따라 좋아하는 것이 각각 다를 수밖에 없다는 것입니다. 집에서 키우는 자녀들도 살펴보세요. 쌍둥이도 다릅니다. 같은 부모 밑에서 같은 유전자를 받아서 태어난 자식들도 살펴보면 취미도 다르고 식성도 다릅니다. 각기 다른 업業이 작용하고 있다는 것을 인식하면 문제가 어느 정도 풀립니다.

업業은 행위에서 오고, 행위는 반드시 과果를 부릅니다. 의식하지 않고 그저 움직이는 행동은 과를 부르지는 않지만, 어떤 의지를 가지고 의식적으로 한 행위는 반드시 과보가 따릅니다.

부모든 인생의 선배 입장이든 상대방의 업을 있는 그대로 받아들이고 가능하면 선업善業으로 안내하고 바라봐 줄 수는 있지만, 상대방의 업 자체를 억지로 바꿀 수는 없습니다. 그렇게 하면 오히려 부작용만 생깁니다.

상대방의 업력을 인정해 주고 받아들여 주는 것을 저는 '불자의 여유'라고 합니다. 이 책을 읽고 난 뒤에 불자의 여유가 생긴다면 참 기쁠 것 같습니다. 어떤 상황에 처하더라도 '아, 이렇게 되기, 이만하기 정말 다행이다'라는 생각을 할 수 있으면 '불자의 여유'가 충분히 생긴 것입니다. 그런데 '이렇게 하지 않을 수도 있는데 왜 이러지?'라고 아등바등 계속 부정적인 생각으로 끝까지 파고 들어가면 괴로운 길을 갈 수밖에 없습니다.

불자의 여유는 다른 사람들과 관계를 맺는 데에도 중요한 덕목이지만, 자기 자신에게도 마찬가지입니다. 혹여 자기 자신도 이해할 수 없는 실수를 했을 때 한없이 자책하지 말고 '금생에 알 수는 없었지만, 전생부터 세세생생 익혀온 업력일 거야. 근욕성일 거야'라는 생각을 하면 자기 자신의 행위를 인정하게 되고, 용서하게 되고, 소중하게 여기게 되면서 자기 자신 자체를 사랑하게 됩니다. 이러한 마음가짐을 연습하게 되면 자기 자신뿐만 아니라 남에게도 적용하게 되어 만사가 형통하고 늘 행복한 삶을 영위할 수 있습니다.

"모든 지견에 걸림 없이 되고 모든 과오過惡를 떠나며 모든 공덕을 얻은 법왕, 법의 주재자로서 자재를 얻으며 모든 법의 자재로운 경지에 오를 수 있을 것"이라는 경전 내용을 어렵게 여기지 마십시오. 생활 속에서 작은 것을 실천하다 보면 걸림 없는 자재를 누릴 수 있습니다.

한편 모든 법에 자재로운 경지에 오른 부처님께서는 "나의 생은 이미 다했으며, 청정한 행은 이미 완성했으며, 지어야 할 바는 이미 마쳤으며, 미래의 윤회하는 삶은 받지 않는다"라고 사자후獅子吼하십니다. 여기에서 생이 다했다는 것은 중생으로서의 삶에서 벗어났다는 것을 말합니다. 청정한 행의 완성에 따라 윤회하는 삶을 받지 않는다는 것 또한 업에 따라 몸을 받는 데서 벗어난 것, 즉 죽음으로부터의 해탈을 뜻합니다.

제가 승만경에서 중점적으로 바라보면서 읽고 싶은 것은 죽음에 대한 문제입니다. 죽음이 바로 삶이기 때문입니다. 삶과 죽음은 손바닥의 앞면과 뒷면과 같은 것입니다. 우리 불자들은 경전교리經典敎理를 통해서 생사일여生死一如라는 말에 익숙할 것입니다. 저 역시 생生과 사死, 글자가 뭔지도 모르는 아주 어릴 때부터 큰스님 법문 들을 때마다 가장 많이 들은 말이기도 합니다.

그런데 그렇게 많이 듣고 학인스님을 대상으로 금강경을 여러

해 동안 강의하면서도 부끄럽게도 왜 생사가 일여인지 이해하지 못했습니다. '이렇게 이 몸이 생생하게 살아 있는데, 죽음은 두려움의 대상이기도 하고, 도대체 가보지 못해서 알지 못하는 것이기도 해서 궁금증뿐인데 왜 생과 사가 하나라고 했을까?' 하고 늘 궁구하고 있습니다. 하지만 사실 지금까지도 그 문제에 대해 완전히 해결하지는 못했습니다. 단지 구체적인 주검이 무엇인지 전혀 몰랐기 때문에 주검을 보면 조금이라도 실마리가 풀릴까 보고 싶었습니다.

부끄러운 이야기지만 50이 지나서도 주검을 본 적이 없었습니다. 만일 일반 사찰에서 신도님들 개개인에게 전법을 하는 스님들처럼 살았다면 시달림을 다니면서 주검을 일찍이 볼 수도 있었겠지만, 강원에서 젊은 학인스님들하고만 살다 보니 부끄럽게도 한 번도 그런 경험을 해 보지 못한 것입니다. 30대에는 그런 생각도 없었는데 30여 년을 강의하다 보니 어느 날 불현듯 주검을 보고 싶다는 생각이 일어났습니다.

그 후 어떠한 일이 있어도 아버님이 돌아가시면 반드시 그 모습을 뵈어야지 하는 원願을 세웠습니다. 생사일여라는 강의를 여러 차례 하면서도 한 번도 주검을 보지 못하다가 속가 아버님의 주검을 보게 되었습니다.

초겨울이었는데, 금강경 강의를 하고 잠시 쉬고 있을 때 종무소에서 연락이 왔습니다. 그날 수업을 다 마치고 속가 집으로 가서 병풍 뒤에 모셔진 이 세상에서 가장 친숙한 인연일 수밖에 없는 아버님의 주검을 뵙게 되었습니다.

아버님에 대해서는 말씀이 거의 없으셨고, 사랑채에 내내 머무셨던 기억이 고작입니다. 어릴 때 소풍이라도 가는 날이면 어머니와 언니들이 다 챙겨주셔서 아버님과는 전혀 관계없는 인연처럼 지냈습니다. 출가한 다음에 아버님이 편찮으실 때는 한 번씩 병문안을 가서 발을 닦아드리기도 했습니다. 병석에 누워서 마지막으로 들려주신 아버님의 말씀은 어떤 경전이나 큰스님의 말씀보다 가슴에 새겨졌습니다.

"늙고 병드니 육신이 마른 곳은 젖어지고 젖은 곳은 마르더라."

늙고 병드니 그렇게 달라지더라고 말씀하시던 아버님, 돌아가신 그분의 모습은 눈·귀·코·입·몸이 다 있었습니다. 하지만 식識이 없기에 제가 왔다고 해도 아무런 반응이 없으셨습니다. 아버님은 당신의 업에 따라 또 생을 받으시겠지요. 아버님의 주검을 보면서 육체적 죽음은 거짓된 중생의 죽음이라는 것을 확실히 알았습니다. 또한 그간의 모든 애착이 어느 정도 사라졌습니다.

지수화풍地水火風의 네 가지 인연이 모인 이 몸뚱이가 진짜인 줄 알고 우리는 지금까지 얼마나 정성껏 입혀주고 씻겨주고 봉사를 하였습니까? 내 몸뚱이에 정성을 다해 봉사하듯이 옆 사람에게 그렇게 했다면 그에게 원하는 것이나 서운함·원망이 전혀 없을 것입니다. 부모 형제든 친구든 누구에게라도 내 몸뚱이에 하듯이 그렇게 정성껏 하지 않았기 때문에 서운함이 있는 것입니다.

생사일여, 삶과 죽음이 하나라는 것 또한 깨달음의 다른 이름입니다. 삶에 집착하지 않고 죽음에 두려워하지 않고 삶과 죽음이 하나이듯 나와 남이 하나로 연결된 존재라는 것을 깨닫고 여여하게 살아가는 것입니다.

우리는 승만경이라는 거울을 보면서 이러한 점을 깨달아야 합니다. 내가 내 얼굴을 씻으면서 보수를 바라지 않듯이 살아야 하는 것입니다. 어머니가 아기를 씻겨 줄 때는 결코 보수를 바라지 않습니다. 그런데 아이가 자라서 조금이라도 서운하게 하면 '내가 너를 어떻게 키웠는데…' 하고 가슴 아파하고 괴로워합니다.

그런 마음이 조금이라도 있으면 그것은 자식에게 해 줬다는 집착의 찌꺼기가 남아 있다는 증거입니다. 내 몸에 하듯이 그런 마음으로 하고 그 어떤 집착의 찌꺼기도 남지 않게 해야 합니다. 내 일처럼 하면 하나도 찌꺼기가 남지 않습니다. 그렇게 집착의 찌꺼기가 남지 않는 삶이 생사일여의 삶이요, 성불成佛의 경지입니다.

두 가지
지혜

"세존이시여, '미래의 윤회하는 삶을 받지 않는' 지혜에 두 가지가 있습니다. 이른바 여래는 – 위없는 조어調御로서 네 가지 마(四魔)를 항복 받고, 모든 세간을 벗어나서 모든 중생의 존경을 받는 – 불가사의한 법신을 얻으며 모든 알아야 할 대상 경계에 대하여 걸림 없는 법의 자재를 얻습니다.

이 위에 다시 지어야 할 바도 없으며 얻어야 할 바도 없는 경지에서 십력十力이 용맹해지고 제일이며 위없는 무외無畏의 경지에 올라갑니다. 모든 알아야 할 대상 경계를 걸림 없는 지혜로 관찰하는 데는 다른 것에 말미암지 아니하므로 미래에 윤회하는 삶을 받지 않는 지혜라고 사자후하는 것입니다.

세존이시여, 아라한과 벽지불은 생사의 두려움을 건너서 차례로 해탈의 기쁨을 얻어서 즐거이, '나는 생사의 공포를 떠났으니 생사의 괴로움을 받지 않을 것이다'라고 생각하였습니다. 그러므로 세존이시여, 아라한과 벽지불이 관찰할 때는 '미래의 윤회하는 삶을 받지 않게 되고', 가장 뛰어난 안식처(蘇息處)인 열반의 경지에 처하게 되는 것입니다.

세존이시여, 저들이 앞에서 얻은 바 열반의 경지는 법에 어리석지 않아서, '다른 사람으로 말미암지 않고 스스로 불완전한〔有餘〕 지위를 얻었지만, 반드시 위없이 바른 깨달음을 얻으리라'고 아는 것입니다. 왜냐하면, 성문승과 연각승은 모두 대승에 들기 때문입니다. 대승은 곧 부처님의 길〔佛乘〕입니다.

그러므로 세 가지 길은 곧 하나의 길이며 하나의 길을 얻는 자는 위없이 바른 깨달음을 얻는 것입니다. 위없이 바른 깨달음은 열반의 세계입니다. 열반의 세계는 곧 여래의 법신입니다. 궁극적인 법신을 얻음은 곧 궁극적인 하나의 길을 얻는다는 것입니다. 법신은 여래와 다르지 않고, 여래는 법신과 다르지 않으니, 여래가 곧 법신입니다. 궁극적인 법신을 얻는다는 것은 궁극적인 하나의 길을 얻는 것입니다. 궁극적이라는 것은 가없으며 끊어짐이 없는 것입니다."

중생을 부처로 승격시켜 준
진정한 구원의 메시지

불교는 지혜와 자비의 종교라고 합니다. 양 날개가 있어야 새가 잘 날 수 있는 것처럼 지혜와 자비가 균형을 맞춰야 합니다. 사실 부처님처럼 완전한 지혜, 생각으로 헤아릴 수 없는 부사의한 깨달음을 이루면 자비롭지 않을 수 없습니다. 그래서 불교에서는 자비와 아울러 지혜를 강조합니다.

여기에서 "미래의 윤회하는 삶을 받지 않는 지혜에 두 가지가 있다"고 하였습니다. '미래의 윤회하는 삶을 받지 않는다'는 것은 생사의 고통을 받는 몸을 받지 않는다는 것입니다. 또한 그러한 지혜에 두 가지가 있다고 했는데 이는 꼭 숫자로서 헤아릴 수 있는 두 가지라는 말은 아닙니다.

윤회하지 않는 삶, 곧 생사 해탈은 불교의 출발점이자 종착점, 궁극적 목적이기도 합니다. 부처님께서 싯다르타 태자 시절부터 고뇌한 것이 바로 생사의 괴로움이었습니다. '모든 존재는 태어나서 죽는구나' 하는 데서 근본적인 고통을 느끼고 괴로워하고, 그 괴로움에서 벗어나기 위해 왕위는 물론이고 세속의 모든 욕망을 버리고 출가하였던 것입니다. 수행을 통해 법을 보고 해야 할 일을 다 마치고 깨달은 분[覺者], 부처님으로 새롭게 태어난 것입니다. 그 해야 할 일이 바로 생사의 괴로움에서 벗어난 해탈입니다. 부처님은 마침내 불가사의한 법신을 얻고 모든 알아야 할 대상 경계에 대하여 걸림 없는 법의 자재를 얻은 것입니다.

부처님은 육신의 몸 그대로 법신이 되었습니다. 부처님의 깨달음은 그 자체로 인류에게 크나큰 희망의 메시지입니다. 우리도 부처님처럼 바로 이 몸으로 깨달은 존재가 될 수 있다는 것은 부처님 이전에도 볼 수 없었고, 그 이후에도 볼 수 없었던, 그야말로 중생을 부처님으로 승격시켜 준 진정한 구원의 메시지인 것입니다.

부처님의 깨달음은 미완성이었던 아라한과 벽지불의 불완전한 지위도 완전하게 해 주어 마침내 부처님처럼 위없이 바른 깨달음을 얻게 하였습니다.

승만경에서는 이에 대해 "성문승과 연각승은 모두 대승에 들기 때문입니다. 대승은 곧 부처님의 길[佛乘]입니다. 그러므로 세 가지 길은 곧 하나의 길이며 하나의 길을 얻는 자는 위없이 바른 깨달음을 얻는 것입니다. 위없이 바른 깨달음은 열반의 세계입니다. 열반의 세계는 곧 여래의 법신입니다. 궁극적인 법신을 얻음은 곧 궁극적인 하나의 길을 얻는다는 것입니다"라고 하여 성문 연각이 다 대승大乘에 들어가고, 대승은 곧 불승佛乘임을 확실하게 콕 집어서 일깨워 주고 있습니다.

여래에의 귀의

"세존이시여, 여래는 한량없는 시간 동안 머뭅니다. 여래·응
공·등정각은 미래의 끝(後際)과 나란히 머무릅니다. 여래는 한
량없으며, 크게 자비로우심(大悲) 또한 한량없고, 세간을 편안
케 하는데 이러한 설을 짓는 것은 잘 설하는 것이라 이름합니
다. 여래가 만약 다시 '다함없는 법, 상주하는 법은 모든 세간
의 귀의를 받는 것이라'고 말씀하신다면 역시 잘 설하는 것이
라 이름합니다.

그러므로 여래는 아직 제도하지 못한 세간, 의지하지 못하는
세간에 있어서 미래의 끝과 같아져서 다함없는 귀의, 상주하는
귀의를 짓는다고 한다면, 이른바 여래·응공·등정각입니다.
법은 하나의 길(一乘)이고 승僧은 세 가지 길(三乘)의 무리를 말
하는 것입니다.

이 두 가지 귀의는 궁극적인 귀의는 아니며 불완전한 귀의라고 이름하는 것입니다. 왜냐하면, 하나의 길을 설하는 것은 궁극적인 법신을 얻는 것이며, 이 위에 다시 하나의 길의 법신을 설함이 없는 것입니다. 세 가지 길의 무리들은 공포가 있어서 여래에게 귀의하여 벗어남을 구하며 수학修學하는 것이니, 위없이 올바른 깨달음을 향하는 것입니다. 그러므로 두 가지 귀의는 궁극적인 귀의가 아니며 한계가 있는 귀의입니다.

만약 어떤 중생이 여래에게 조복하여 귀의하면 법의 은혜를 얻게 되고 믿고 즐기는 마음을 내게 될 것입니다. 법과 승의 두 가지 귀의는 단순히 두 가지 귀의가 아니라 여래에게 귀의하는 것입니다. 제일의第一義에 귀의하는 것은 여래에게 귀의하는 것입니다. 이러한 두 가지 귀의와 제일의는 궁극적으로 여래에게 귀의하는 것입니다. 왜냐하면, 두 가지 귀의는 여래와 다르지 않고, 여래는 두 가지 귀의와 다르지 않으므로, 여래는 곧 삼귀의三歸依이기 때문입니다.

왜냐하면, 하나의 길을 설하는 것은 여래가 네 가지 무외를 성취하여 사자후를 설하는 것입니다. 여래가 하고자 하는 바의 방편으로 설하는 것이 곧 대승입니다. 세 가지 길이 없으며, 세 가지 길이라고 하는 것은 하나의 길에 들어가는 것입니다. 하나의 길이라는 것은 곧 제일의의 길입니다."

여성도 부처가 될 수 있다,
최상의 진리를 설하는 승만경

　일승장 마무리 부분에서는 여래에 대한 귀의에 대해서 구체적으로 설하고 있습니다. 승만경을 첫눈에 반해 좋아하는 것과 처음부터 내용과 중심 사상을 다 파악하고 좋아하는 것과는 그 차원이 다릅니다. 러닝머신 위를 아무리 열심히 달려도 그 자리입니다. 러닝머신 옆에서 가만히 앉아 있는 사람도 그 자리입니다. 그러나 열심히 달린 사람의 육체적 건강은 그 자리에 가만히 있는 사람과는 비교도 안 될 만큼 월등하게 나아지는 것입니다.

　앞에서도 말씀드렸듯이 지금 말씀드리는 제5장인 일승장은 승만경의 핵심인 일승 사상을 명쾌하게 보여주는 대목입니다. 또한 여래에게 귀의하면 법의 은혜를 얻게 되고 믿고 즐기는 마음을 내게 된다는 것을 강조하고 있습니다. 아울러 여래가 방편으로 설하는 것이 대승이요, 세 가지 길이 다 하나의 길인 대승에 들어가는 것을 역설하고 있습니다. 여기에서 대승은 일승, 곧 가장 뛰어난 제일의 길임을 거듭 일깨워주고 있는 것입니다.

　가장 뛰어난 최상의 길인 일승 사상을 홍포하는 경전이라 할 수 있는 승만경을 읽으면서 어떤 마음이 드십니까? 특히 여성들은 여성의 지위 자체가 전혀 보장되지 않았던, 더없이 하찮은 존재로 여겨졌던 그 오랜 옛날에 여성도 부처가 될 수 있다는 여성 성불론을 주창하는 승만경을 읽으면서 어떠셨는지 궁금합니다.

저는 승만경을 읽으면서 환희 용약했습니다. 그리고 어떻게 해야만 승만 부인처럼 여성의 몸으로 성불할 수 있을까를 화두 삼아 정진하고 있습니다. 아울러 저 또한 여성의 몸이기에 더욱 애정이 가는 여성 불자들을 위해 무엇을 해야 할지 고뇌했습니다. 경전의 자구 해석보다는 이 경전에서 주창하는 뜻을 널리 펴는 것이 중요하다는 생각, 또 그것이야말로 올바른 귀의가 될 것이고, 부처님이 원하시는 바라 생각되어 말씀드리는 것입니다.

내려놓으면 걸림없는
대자유를 누릴 수 있다

어떻게 해야 할 것인가? 방하착放下着, 매사 집착하는 마음을 다 놓아버리고 텅 빈 마음을 갖는 것입니다. 집착을 놓으면 걸림이 없어지고 괴로움에서 벗어나 자유로워집니다. 가만히 생각해 보십시오. 왜 괴로워하는가? 왜 불안해 하는가? 왜 두려워하는가? 집착 때문입니다. 삶에 집착하기 때문에 죽음이 괴롭고 불안하고 두려운 것이고, 자식 남편에 집착하기 때문에 시시콜콜한 문제까지 마음에 걸리고 그래서 괴로운 것입니다. 그와 같이 아주 사소한 것에 집착하고 있다는 것을 여실히 보고 집착을 놓는 연습을 한다면 부처님 마음에 성큼 더 다가서게 됩니다.

저 역시 일상생활에서 아주 작은 것에 집착하는 건 마찬가지입니다. 20대 후반에서 30대 초반 도반들과 수행할 때는 '승려는 무엇이든지 반듯해야 한다'는 생각에 조금이라도 흐트러진 자세를 보면 화가 많이 나기도 했습니다. 또한 강원에서 학인學人스님을 가르치는 입장이 되면서부터는 책을 읽는 자세부터 시작해서 걷는 모습까지 학인스님들의 일거수일투족이 마음에 걸렸습니다. '저렇게 하지 말았으면… 좀 더 여법한 자세를 취했으면 좋겠다'라고 하면서 노심초사했던 적이 많았습니다. 그러나 지금은 그때와는 정말 달라진 저 자신을 느낍니다.

운문사 강원에서 공부하는 학인스님들의 연령대는 정말 다양합니다. 19세부터 심지어 50대까지 있습니다. 운문사 학인스님들은 모두 다 이른 새벽 3시부터 예불을 모시고 108배를 하고 금강경 독송을 합니다. 경전을 독송할 때까지는 자세가 흐트러지는 일이 별로 없는데, 반개半開하고 고요히 앉아서 정진하는 좌선 시간에는 여기서 끄덕 저기서 끄덕 졸고 있습니다. 제가 30대에는 학인스님들이 졸거나 잘못하는 것을 보면 바로 죽비로 내리쳤습니다.

그런데 지금은 '얼마나 잠이 오면 저렇겠는가' 싶어서 조용히 다가가 어깨를 펴라고 살짝 만져줍니다. 요즘은 학인스님들의 조는 모습이 예뻐 보입니다. 얼마나 건강하면 이 시간에 잠이 올까를 생각하게 됩니다. 잠을 못 자는 괴로움이 얼마나 힘든 고통인지를 알기 때문이지요.

나이 들어가면서 좋은 의미의 집착까지도 점점 놓게 되고, 젊을 때보다 훨씬 따뜻한 마음이 자리하면서 '아, 할머니 할아버지가 키우는 손자 손녀는 버릇은 좀 없을지라도 인정미가 있구나' 하는 생각이 들었습니다. 엄격하게 키워서 습관을 잘 들이는 것도 중요하지만 따뜻하게 품어서 키울 필요가 있습니다. 버릇은 조금 없더라도 따뜻한 품성이 훨씬 좋다는 생각이 듭니다. 특히 요즘처럼 딱딱하고 시시콜콜 따지는 세상일수록 더욱 그렇듯 할머니 할아버지가 손자 손녀 사랑하듯 무조건적인 사랑이 그립습니다.

그런데 할머니 할아버지의 조건 없는 사랑이 가능한 것은 한 치 걸러 두 치라고 집착이 없기 때문입니다. 대부분의 부모들은 '자식을 잘 키워야지' 하는 집착에 사로잡혀 있습니다. 그래서 오히려 자식을 객관적으로 바라보는 여유가 없어지고, 오히려 자식 농사를 제대로 못 짓는 것입니다.

자식 때문에 가슴 아파하는 부모들을 보면 참으로 안타깝습니다. 속상함을 하소연하는 분들에게 저는 냉정하게 들릴지 모르겠지만 방하착하라, 자식은 내 소유물이 아니니 집착하지 말고 자유롭게 자기 인생을 살 수 있도록 멀찌감치 떨어져서 바라봐주라고 조언해 줍니다.

자식도 부모와 똑같은 삶의 주인공입니다. 자식은 물론이고 주위 사람들이 다 부처의 씨앗을 가지고 있다는 것을 인식하고, 부처님께 귀의하여 마침내 나와 남이 함께 일승 곧 불승으로 돌아갈 수 있도록 돕는 것이야말로 하나의 길, 우리 삶의 궁극적 목표라는 것을 알아차렸으면 합니다.

제6장

다함없는 진리

無邊聖諦章

위없이 바른
깨달음의 지혜

"세존이시여, 성문과 연각이 처음으로 성스러운 진리를 관찰할 때에 하나의 지혜로써 모든 잠재적 번뇌를 끊는 것이 아니며, 하나의 지혜로써 네 가지 지혜의 모든 공덕을 끊는 것도 아니고, 또한 법으로써 능히 이러한 네 가지 법의 뜻을 잘 알 수 있는 것이 아닙니다. 또한 이러한 네 가지 법의 뜻을 잘 압니다.

세존이시여, 세간을 벗어나는 최고의 지혜에는 점진적으로 이르게 되는 네 가지 지혜(四智)도 없으며, 점진적으로 이르게 되는 네 가지 대상(四緣)도 없습니다. 점진적으로 이르게 되는 법이 없는 것이 세간을 벗어나는 최고의 지혜입니다.

세존이시여, 금강석과 같다(金剛喩)고 하는 것은 곧 제일의第一義의 지혜입니다. 세존이시여, 성문과 연각은 무명의 잠재적 번뇌를 끊지 않았으므로 처음 관찰한 성스러운 진리의 지혜가 제일의의 지혜라고 말할 수는 없습니다. 세존이시여, 두 가지 진리를 아는 지혜로써 여러 가지 잠재적 번뇌를 끊습니다.

세존이시여, 여래·응공·등정각은 모든 성문이나 연각의 경지가 아니고 부사의한 공의 지혜이니, 모든 번뇌의 더미를 끊습니다. 세존이시여, 만약 모든 번뇌의 더미가 무너진다면 구경의 지혜가 곧 제일의의 지혜라고 이름하는 것이며, 처음 관찰한 성스러운 진리의 지혜는 궁극적인 지혜가 아니며 다만 위없이 바른 깨달음의 지혜를 지향하는 것입니다.

세존이시여, 성스러운 뜻이라는 것은 모든 성문이나 연각에 대해서 하는 말은 아닙니다. 성문과 연각은 유한한 공덕을 성취할 뿐이며, 성문과 연각은 불완전한 공덕을 성취할 뿐이므로, 이름해서 '성스럽다'고 하는 것입니다. 성스러운 진리라는 것은, 성문이나 연각의 진리가 아니며, 또한 성문과 연각의 공덕도 아닙니다.

세존이시여, 이러한 진리는 여래·응공·등정각이 처음으로 비로소 깨달아 아는 것이지만, 그 뒤에도 무명의 껍질에 싸여 있는 세간을 위해서 출현하여 연설하므로 성스러운 진리라고 이름하는 것입니다."

우리는 모두 무명의 껍질에
싸여 있는 부처의 씨앗

5장 일승장은 원제목인 '승만사자후일승대방편방광경'이라는 경명에서도 볼 수 있듯이, 5장이 승만경의 요체이자 불교의 모든 가르침은 일승에서 나와 일승에 귀의한다는 일승 사상에 대해 구체적으로 설하였다면 6장은 일승이 다함없는 진리임을 거듭 밝히고 있는 장이라고 할 수 있습니다. 일승은 진실한 진리요, 이승은 방편이라는 입장임을 재차 천명하고 있는 내용입니다.

부처님께서 설한 수없이 많은 가르침 중에서 가장 중요한 근본 가르침, 진리 그 자체, 금강석 같은 성스러운 진리를 생각하면 사성제가 떠오릅니다. 부처님이 녹야원에서 첫 법문을 하실 때도 사성제를 설하셨습니다. 불교의 근본 교리인 사성제를 듣고 깨달은 분들은 성문聲聞이고, 불교의 세계관이라 할 수 있는 연기법을 깨달은 분들이 연각緣覺입니다.

그런데 이분들은 "세간을 벗어나는 최고의 지혜에는 점진적으로 이르게 되었지만", "무명의 잠재적 번뇌를 끊지 않았으므로 처음 관찰한 성스러운 진리의 지혜가 제일의의 지혜라고 말할 수는 없다"는 것입니다. 다시 말해 성문·연각의 지혜는 모든 차별상을 뛰어넘어 절대평등의 진리 세계를 여실하게 보는 지혜, 생각으로 헤아릴 수 없이 걸림 없이 텅 빈 지혜로써 모든 번뇌 덩어리를 끊은 부처님의 지혜와는 비교할 수조차 없다는 것입니다.

또한 사성제는 부처님께서 깨달은 경지이지 성문과 연각의 깨달음은 아니라고 하면서 "여래·응공·등정각이 처음으로 비로소 깨달아 아는 것이지만, 그 뒤에도 무명의 껍질에 싸여 있는 세간을 위해서 출현하여 연설하므로 성스러운 진리라고 이름하는 것"임을 분명히 밝히고 있습니다.

초기경전인 『숫따니빠따』에도 부처님께서 사성제를 통해 해탈을 성취하여 생사의 윤회에서 벗어날 수 있었다는 것을 분명히 설하고 있습니다. 그 내용을 살펴보면 다음과 같습니다.

> 고통을 알지 못하고 또 고통이 일어나는 것을 알지 못하고 또 고통이 남김없이 사라진 것도 또 고통의 소멸에 이르는 길도 알지 못하는 사람들…
> 그들은 마음의 해탈이 없고 지혜의 해탈이 없다. 그들은 윤회를 끝낼 수 없다. 그들은 참으로 나고 늙음을 받는다.
> 그러나 고통을 알고 또 고통이 일어나는 것을 알고 또 고통이 남김없이 멸하는 것을 알고 또 고통의 소멸에 이르는 길을 아는 사람들.
> 그들은 마음의 해탈을 구현하고 또 지혜의 해탈을 구현한다. 그들은 윤회를 끝낼 수 있다. 그들은 나고 늙음을 받지 않는다.
> -『사성제 팔정도』, pp. 126~127, 이필원 지음, 민족사

위와 같이 부처님께서는 당신이 깨달은 네 가지 성스러운 진리

인 사성제를 설함으로써 무명의 껍질에 싸여 있는 중생들을 일깨워 해탈 열반의 세계로 이끌어주셨습니다.

| 불가촉천민도 성불할 수 있다,
| 절대평등의 세계를 일깨워 주다

승만경에서 누누이 강조하고 있는 것은 여래장, 우리 모두가 본래 간직한 부처님의 씨앗, 부처가 될 가능성입니다. 다른 종교에서는 절대로 절대자가 될 수 없습니다. 단지 인간은 창조주의 피조물에 불과합니다. 실제로 부처님 당시 인도의 종교는 브라만교였습니다. 창조주 브라만 신이 창조한 세상, 그랬기 때문에 철저하게 사성계급을 유지할 수 있었습니다. 브라만 신이 창조한 세상이기에 그대로 받아들이고 살아야만 했던 것입니다.

하지만 부처님께서는 이 모든 것을 완벽하게 부정하시고 무너뜨리셨습니다. 사람은 브라만이 창조한 것이 아니라 행위에 의해서 브라만도 되고 천민도 된다고 하시면서 모든 사람이 부처님과 똑같은 불성佛性을 간직하고 있다는 절대평등을 설파하셨던 것입니다. 그리하여 불교 교단은 브라만교에서는 꿈조차 꿀 수 없었던 평등교단으로 운영되었습니다. 오늘날까지도 인도사회에서는 계급 차별이 존속하고 있는데, 그 시대에 사성계급에도 끼지 못했던, 신체적 접촉을 꺼려하고 마을의 우물물도 같이 마시지 않았던 불가촉천민까지도 부처님의 제자로 받아들였던 것입니다.

그뿐만 아니라 지금도 여성 교단이 없는 종교가 많은데, 불교는 부처님 당시에 이미 비구 교단과 비구니 교단이 엄연히 존재했었다는 것, 또한 여성의 몸으로 성불한 소식과 아울러 모든 중생이 부처의 씨앗을 갖고 있다는 여래장 사상을 담은 승만경과 같은 대승경전이 성립할 수 있다는 것도 대단한 일입니다.

저는 승만경을 읽으면서 이러한 부처님의 법음을 접하고 법열에 젖었습니다. 여러분도 문자에 치중하기보다는 이러한 부처님의 간곡한 뜻을 받아들여 여러분이 간직한 여래장을 활짝 꽃피우시길 빕니다. 씨앗이 아무리 튼실해도 주머니에 담아서 벽에 걸어두기만 하면 아무 소용이 없습니다. 승만경을 통해 일승 사상, 여래장 사상 등 부처님이 원하시는 것을 알았으면 실천에 옮기는 것이 중요합니다. 이 책을 읽는 분들 모두 여래의 씨앗을 틔워 부처님으로 거듭나시길 기원 드립니다.

제7장

여래의 씨앗

如來藏章

생각으로 헤아릴 수 없는
중생 즉 부처

"성스러운 진리란 매우 깊은 뜻을 설하는 것이며, 미세하므로 알기 어려운 것이며, 생각으로 헤아릴 수 있는 경계가 아닙니다. 이는 지혜로운 사람의 알 바이며, 모든 세간 사람들이 능히 믿을 바가 아닌 것입니다.

왜냐하면, 이는 매우 깊은 여래의 씨앗[如來藏]을 설하기 때문입니다. 여래장이라는 것은, 곧 여래의 경계이며 모든 성문이나 연각의 알 바는 아닙니다. 여래장의 차원에서 성스러운 진리의 뜻을 설하는 것입니다. 여래장의 차원이 매우 깊기 때문에 성스러운 진리를 설하는 것 역시 매우 깊고 미세하여 알기 어려운 것이며, 생각으로 헤아릴 수 있는 경계가 아닙니다. 이는 지혜로운 사람의 알 바이며, 모든 세간 사람들은 능히 믿을 바가 아닌 것입니다."

여래장인데, 왜 지금 부처로 살지 못할까?

7장에서는 승만경의 핵심 사상인 여래장 사상에 대해 설명하고 있습니다. 성스러운 진리는 생각으로 헤아릴 수 없는 경계인데, 그래서 세간 사람들이 이해하고 믿을 수 없는데, 그 이유는 여래장에 대해 설하고 있기 때문이라는 내용으로 시작하고 있습니다. 도대체 여래 · 여래장이 무엇이기에 지혜로운 사람, 즉 완전한 깨달음을 성취한 부처님만이 알 수 있고, 성문 · 연각은 모른다고 했을까요?

여래장은 말 그대로 여래의 씨앗이므로 먼저 여래에 대해 알아보면 여래장에 대한 실마리도 풀리기 마련입니다. 여래는 산스끄리뜨어로 타타가타(tathagata)로서 여래의 '여如'는 진여眞如에서, 래來는 왔다 해서 '진리로부터 온 자'라는 뜻과 '진리에 이르는 자'라는 두 가지 뜻을 갖고 있습니다. 승만경에서는 본래 부처를 뜻합니다.

여래는 본래 청정한 자리에 있는 분이라서 여래이고, 장藏은 그런 여래를 함장含藏하고 있다는 뜻으로 발휘만 하면 됩니다. 여래장 사상은 중생이 곧 부처요, 본래 청정이요, 마음이 곧 부처라는 것과 다 통하는 자리입니다. 그렇다면 이 자리는 도대체 어떤 자리일까요?

그 자리는 모양도 없고, 성품도 없고, 있는 것도 아니고 없는 것도 아니라는 네 가지 진리를 말하고, 이것은 선사들이 자주 쓰는 말씀이기도 합니다. 흑과 백이 구분되지 않는 가르침이지요. "도대체 뭐라는 거지? 왜 이렇게 불교는 아리송하지?"라고 하면서 질문하는 분들도 많습니다.

실제로 얼핏 보면 불교가 참 어렵다고 생각할 수 있습니다. 불교에서는 하나도 아니고 다르지도 않고 같지도 않다고도 합니다. 하나도 아니라는 말은 부처와 중생이 하나라는 뜻입니다. 중생이 곧 부처라고 하는 것은 여래를 장藏하고 있기 때문입니다. 그와 같이 우리의 성품은 부처가 되는 모든 요소를 가지고 있습니다. 하지만 그렇다고 해서 중생과 부처가 똑같은 것은 아닙니다. 여래를 장藏, 담고 있을 뿐 여래는 아니기 때문입니다.

우리는 본래 청정한 부처이고 여래장이고, 심즉시불인데, 다시 말해 여래를 다 갖추고 있는데 왜 지금 이 순간 부처라고 할 수는 없을까요? 반갑지 않은 번뇌 때문입니다. 번뇌가 여래장을 두껍게 감싸고 있기 때문입니다. 그리곤 번요뇌란煩搖惱亂, 번뇌가 감싸서 청정한 내 자리를 매우 요란스럽고 혼란스럽게 하는 것입니다.

여러분은 번뇌의 요란스러움, 자신을 어지럽히고 번거롭게 하는 번뇌의 작용을 당해 본 적이 있습니까? 번뇌가 본래 청정한 내 자리를 마구 혼란스럽게 하므로 '혹惑'이라고도 합니다.

여러분도 잘 아시겠지만, 유명한 사람일수록 호號가 많습니다. 불자가 된 후 보살계를 받으면서 법명法名을 받은 분들이 많으실 것입니다. 화가나 글을 쓰는 사람도 호가 하나둘씩 생깁니다. 저도 출가해서 받은 법명은 일진一眞이고, 세월이 흐르는 동안 열심히 수행하고 공부해서 충분히 강사 · 법사가 될 자격이 있다고 하여 공식적으로 받은 호가 원운圓云입니다. 저도 이름이 세 개나 되네요.

그런데 한국 금석학을 여신 분이자 서예가로 유명하신 김정희 선생님처럼 호가 많은 분도 드문 것 같습니다. 우리가 알고 있는 완당阮堂, 추사秋史 외에도 예당禮堂 · 시암詩庵 · 과파果坡 · 노과老果 · 농장인農丈人 · 보담재寶覃齋 · 담연재覃研齋 · 천축고선생天竺古先生 등등 상당히 많습니다. 사실은 호가 중요한 것이 아니라 다른 것을 설명하기 위해서 예를 든 것입니다. 유명해서 호가 많은 만큼 번뇌도 많고, 그 번뇌가 청정한 내 자리를 어지럽히고 자꾸 번거롭게 심부름을 시키는데, 그 덕분에 깨달음도 클 수 있다는 것입니다. 번뇌가 많다 해서 나쁜 것만은 아니라는 것을 이해하시겠습니까?

진흙탕 속에 물들지 않는 연꽃처럼…

번뇌는 내게 수많은 심부름을 시킵니다. '소리를 들어라. 맛있는 음식도 먹어라. 부드러운 감촉도 느껴라' 등등 색色 · 성聲 · 향香 · 미味 · 촉觸 · 법法에 따라 탐貪 · 진瞋 · 치癡 삼독심을 자꾸 내라고 부추깁니다. 이렇게 심부름 시키는 작용을 한다 해서 번뇌를 부릴

'사使'를 쓰기도 합니다. 우리가 어리석은 중생으로 살아가는 것은 나의 청정한 본성 탓이 아니라 모두 번뇌가 잘못한 것입니다. 번뇌가 끼어들어 방해하고 물들게 한다 하여 염染이라고도 합니다. 번뇌에 휩쓸리면 물듭니다.

하지만 그렇더라도 자기 자리를 잘 지키고 있으면 물들지 않습니다. 처염상정處染常淨, 진흙탕 속에 있으면서도 물들지 않는 연꽃처럼 아무리 번뇌가 물들이려 해도 나의 본래 청정한 자리는 끄떡없습니다. 그것이 본래 성불成佛이고 본래 부처자리입니다.

출가자는 하는 일이 수행과 교화밖에 없어 그만큼 번뇌에 휘둘리는 일도 적습니다. 하지만 세상에서 가족을 부양하고 온갖 살림을 다하는 세상 사람들은 그만큼 번뇌가 많을 것입니다. 그럼에도 불구하고 청정한 마음자리를 찾아서 기도하고 공부하시는 분들이 많습니다. 저는 이런 분들을 볼 때마다 진정한 수행자라는 생각이 들면서 반성하곤 합니다. 또한 그분들을 보면서 출가한 몸에 너무 집착하지 말자는 것을 깨달았으니 얼마나 감사한지 모릅니다.

저는 언제 어디서든 이익이 있어야 한다고 봅니다. 특히 사람들이 절에 올 때는 반드시 이익이 있어야 한다고 생각합니다. 출가 수행자는 이익을 주기 위해 노력해야 하고, 절에 오는 분들도 어떤 방법으로든지 그 도량, 그 법당에서 이익을 하나씩 찾아야 합니다. 내 몸과 마음을 성장시키는 곳이 수행 도량이자 절 도량이기 때문입니다. 여러분은 모두가 여래가 되실 분들이기 때문에 절에 오셔서 여래임을 하나둘씩 깨우치는 이익을 찾으셔야 한다는 말씀입니다.

아무튼 승만경은 구체적으로 여래를 함장하고 있는 것을 자세하게 설하고 있는 여래장삼부경如來藏三部經 중의 대표적인 경전입니다. 승만경 외에 여래장경, 부증불감경不增不減經이 있는데 우리에게는 그다지 익숙하지 않은 경전입니다.

여래장경은 따로 설명하지 않아도 아실 테고, 부증불감경도 지금까지 열심히 이 책을 읽으셨다면 느낌이 오실 것입니다. 여래라고 해서 본래 청정한 자리가 더하고 중생이라고 해서 그 자리가 감소하는 것이 아니라는 뜻입니다. 불구부정不垢不淨의 세계입니다. 중생이라고 해서 그 자리가 더 더럽혀지고 부처라고 해서 그 자리가 깨끗한 것이 아닙니다. 그 자리는 원래 부증불감 불구부정한 자리인 것입니다. 다만, 우리 행위에 따라서 근본무명根本無明 번뇌들이 자리 잡고 부수적인 수번뇌隨煩惱들이 많이 따라 올라와서 번뇌의 두께에 따라서 더하기도 하고 덜해지기도 하는 것이지 본래 청정한 자리는 늘 그대로 있습니다.

지금까지 여래라고 하는 자리에 대해 이런저런 설명을 해 드렸는데, 사실 본래 청정한 자리라고밖에는 쉽게 말씀드릴 수 없습니다. 굳이 더 곁들이자면, 이 자리는 상相도 여의고, 성품性品도 따로 없고, 있는 것도 아니고 없는 것도 아닌 자리라는 것입니다. 파도는 따로 없지만 바람이 불면 파도가 일렁입니다.

파도가 가라앉으면 그대로 잔잔한 물입니다. 파도와 물, 중생과 부처는 하는 짓은 엄연히 달라도 성품은 같다는 것입니다. 본래 청정한 성품의 차원에서 보면 하나인 것입니다.

비일비이명非一非二名, 하나도 아니고 둘도 아닌 이름입니다. 우리는 그와 같이 신비하고 고귀한 존재입니다. 우리가 승만경을 읽고 공부하는 목적은 바로 이것, 우리 자신이 여래와 같은 소중한 존재임을 깨닫는 것입니다.

제8장

법신

法身章

법신은 번뇌의 더미를
떠나지 않는다

| 순간순간 편안하고
| 행복하시길…

여러분, '안녕하십니까?' 우리 운문사 같은 큰 도량에서 매일 같이 먹고 자고 예불하고 공부하는 학인스님들도 아침에 수업시간마다 만나면 '반갑습니다, 안녕하십니까?' 하고 인사를 합니다. 저는 학인스님들에게 아무 말도 안 하고 고개만 숙입니다. 그런데 학인스님들은 몇 번을 만나도 '안녕하십니까' 하고 아주 우렁차게 인사를 합니다. 또한 강원에서 저와 만나는 시간이 정말 반가운지 학인스님들에게 가끔 묻곤 합니다. 그럴 때마다 우리 학인스님들은 '네, 스님 반갑습니다' 하고 큰 소리로 대답합니다.

여러분도 그렇게 누구를 만나든 활기차고 반갑게 인사하고 그 편안한 마음을 전해야 합니다. 안녕은 편안할 '안安' 편안할 '녕寧'입니다. 먼저 우리의 몸과 마음이 편안해야 행복한 것입니다. 또한 그렇게 편안하고 행복한 마음으로 승만경도 공부하고 염불하고 기도해야 제대로 성취할 수 있습니다. 편하지 않은 상황에서는 진심으로 수행할 수가 없는 것입니다. 집안 분위기가 편안하면 아이들의 학습능력이 향상된다는 연구결과도 있는 것으로 알고 있습니다. '순간순간 안녕하고 편안해지이다' 하는 것이 승만경을 해설하는 제 마음입니다. 진심입니다. 법신장을 설명하기 전에 이 말씀부터 드리고 싶습니다.

승만경 법신장을 공부하는 이 시간에는 승만부인경에 대한 기도를 하고 행복하고 즐거운 나날이 되길 기도해 봅니다.

"만약 한량없는 번뇌의 더미에 싸여 있는 여래장에 대해서 의심하지 않는다면, 한량없는 번뇌의 더미에서 벗어난 법신에 대해서도 의심하지 않을 것입니다. 여래장·여래의 법신·부사의한 부처님의 경계 및 방편을 설함에 대하여 마음으로 확신할 수 있다면, 이러한 사람은 곧 두 가지 성스러운 진리를 설함을 신해信解할 것입니다. 이렇게 알기 어렵고 이해하기 어려운 것은, 이른바 두 가지 성스러운 진리의 뜻을 설하는 것입니다.
어떤 것이 두 가지 성스러운 진리의 뜻이냐 하면, 이른바 지음이 있는(有作) 성스러운 진리의 뜻을 설하는 것과 지음이 없는

〔無作〕 성스러운 진리의 뜻을 설하는 것입니다. 지음이 있는 성스러운 진리의 뜻을 설하는 것은 곧 유한한 네 가지 성스러운 진리를 설하는 것입니다. 왜냐하면 다른 사람으로 인해서 능히 모든 괴로움을 알 수 있으며, 모든 괴로움의 원인을 끊을 수 있으며, 모든 괴로움의 소멸을 얻을 수는 있으나 모든 괴로움의 소멸에 이르는 길을 닦을 수 있는 것은 아니기 때문입니다. 그러므로 세존이시여, 함이 있는 생사와 함이 없는 생사가 있으며, 열반도 역시 이와 같아서 남음이 있는 열반〔有餘涅槃〕과 남음이 없는 열반〔無餘涅槃〕이 있습니다.

지음이 없는 성스러운 진리의 뜻을 설한다는 것은 무한한 네 가지 진리의 뜻을 설하는 것입니다. 왜냐하면 능히 스스로의 힘으로 모든 괴로움을 받을 줄 알고 모든 괴로움의 원인을 끊을 줄 알며, 모든 괴로움의 소멸을 증득하며, 모든 괴로움의 소멸에 이르는 길을 닦습니다. 이와 같은 여덟 가지 성스러운 진리는 곧 여래가 설한 네 가지 진리입니다.

이와 같은 네 가지의 지음이 없는 성스러운 진리의 뜻은 오직 여래ㆍ응공ㆍ등정각의 궁극적인 일이며 아라한ㆍ벽지불의 궁극적인 일이 아니니, 왜냐하면 하下ㆍ중中ㆍ상上의 법으로써 열반을 얻는 것이 아니기 때문입니다. 왜냐하면 여래ㆍ응공ㆍ등정각은 지음이 없는 네 가지 진리의 뜻에 대하여 궁극적인 경계를 얻는 것인데, 모든 여래ㆍ응공ㆍ등정각으로서 모든 미래의 괴로움을 알고 모든 번뇌와 부수적 번뇌가 거두어들이는 모

든 괴로움의 원인을 알며, 모든 의생신意生身을 멸하며 모든 괴
로움을 멸하여 깨달음을 짓기 때문입니다.

세존이시여, 존재의 소멸을 괴로움의 소멸이라고 이름하지 않
습니다. 이른바 괴로움의 소멸이라고 하는 것은, 비롯함이 없
고, 지음이 없으며, 일으킴이 없고, 다함이 없으며, 다함을 떠
나 있으며, 상주하며, 자성이 청정하며, 모든 번뇌의 더미를 떠
나는 것입니다. 세존이시여, 갠지스 강의 모래알보다 더 많으
며, 떠나지도 않고, 벗어나지도 않으며, 다르지 않으며, 헤아릴
수 없는 불법을 성취하여 여래의 법신을 설하는 것입니다. 세
존이시여, 이와 같이 여래의 법신은 번뇌의 더미를 떠나지 않
으므로 여래장이라 이름하는 것입니다."

| 온 세상이
| 청정법신 비로자나불

법신이라는 말이 나올 때 따라나오는 말이 청정법신淸淨法身인
데, 부끄러운 일화가 떠오릅니다. 한창 젊은 초보법사 시절에 청
정법신 비로자나 부처님에 대해 배운 대로 신나게 말했던 때가 있
었습니다. 진진찰찰塵塵刹刹이 청정법신 비로자나불, 이 세상 전체
가 청정법신 비로자나 덩어리라고 설명했을 겁니다. 그런데 연세
지긋한 거사님이 제 말을 다 듣고 나서, 어린 법사의 대답이 어찌
나올까 궁금했는지 "세상이 다 청정법신 비로자나 부처님이라면

어디에다 침을 뱉을까요?"라는 질문을 했습니다.

노거사님의 그런 질문을 듣고 저는 사실 깜짝 놀랐습니다. 강원에서 배운 대로, 책을 읽으면서 공부한 대로 아주 거침없이 신나게 설명하였는데 침 뱉을 자리는 몰랐던 것입니다. 그때 공부가 아주 잘 익으신 노거사님이 저를 시험하려는 것 같다는 생각이 들었습니다.

평소 누군가 '왜 출가를 하였는가?'라고 물으면 '왜 출가를 못 하였는가?'라고 되묻듯이 저는 노거사님께 다시 질문을 했습니다.

"혹시 유치원 다니는 손자나 손녀가 있으십니까?"라고 물으니, "있다"고 하기에 "그러면 침 뱉는 곳이나 쓰레기 버리는 곳은 그 아가한테 물어보시는 것이 더 정확하게 잘 알 것입니다"라고 대답했습니다. 청정법신 비로자나 부처님에 대해 물었는데 딱히 해 드릴 말씀이 생각나지 않아서 현문우답을 해 드리고 제가 용서를 받은 적이 있습니다.

"만약 한량없는 번뇌의 더미에 싸여 있는 여래장에 대해서 의심하지 않는다면, 한량없는 번뇌의 더미에서 벗어난 법신에 대해서도 의심하지 않아야 할 것입니다"라는 구절에서 엿볼 수 있듯 법신은 그 자체가 여래장입니다. 우리의 소중한 육신이 다 없어져도 없어지지 않는 것을 여래장이라고 합니다.

여래는 번뇌가
비워진 자리

강원講院에서는 2학년 마칠 무렵에 여래장 사상에 대해 전문적으로 공부합니다. 여래장은 공여래장空如來藏과 불공여래장不空如來藏 두 가지가 있습니다.

공여래장은 일체 번뇌가 다 공했다, 비었다는 것, 한량없는 번뇌로부터 다 벗어났다는 것입니다. 공무일체번뇌를 말합니다. 불공여래장은 비지 않고 꽉 찬 여래장을 말합니다. 무엇이 꽉 찼을까요? 부처가 될 수 있는 요소가 가득 차 있다는 뜻입니다. 중생은 일체 번뇌, 즉 일체 생각으로 꽉 차 있다는 뜻이기도 합니다. 흔히 '너는 생각이 있니? 없니?'라고 말합니다. 사실 생각이 없어진다는 것은 정진의 마지막 단계로서 일체 번뇌가 비어 있는 것, 공여래장이라는 뜻입니다.

선방스님들은 일 년에 두 차례 정기적으로 하안거·동안거 결제를 합니다. 한편 시시때때로 참선 수행을 하는 시민선방도 아주 많습니다. 선방에서 왜 명상을 하고 좌선을 하고 화두를 참구參究하는 것일까요? 무엇을 얻기 위함일까요? 모두 각각 다른 목적이 있을 수 있겠지만, 궁극적으로는 일체 번뇌를 다 비우기 위해서입니다. 모든 번뇌를 비워서 공여래장空如來藏, 즉 바로 법신 자리로 돌아가기 위함입니다. 부처가 된다는 것은 일체 번뇌가 다 비워졌다는 것입니다. 번뇌가 다 비워졌습니까? 꽉 채워져 있습니까?

저는 승만경을 공부하고부터 크게 달라진 게 있습니다. 예전에는 여래如來를 무조건 어렵게만 생각했다면, 승만경을 읽으면서 '번뇌가 비워진 자리가 바로 여래구나, 깨달음은 자유로움이구나' 하는 생각이 들었고, 부처 되는 게 어렵지 않겠다는 생각을 했습니다. 어떤 번뇌도 다 비우면 자유로워집니다. 그래서 부처님을 대자유인이라 하기도 합니다.

신심, 부처가 될 수 있다는 믿음

> "여래장 · 여래의 법신 · 부사의한 부처님의 경계 및 방편을 설함에 대하여 마음으로 확신할 수 있다면 두 가지 성스러운 진리〔공여래장, 불공여래장〕를 설하는 것을 신해信解할 것입니다."

신해信解는 글자 그대로 믿고 안다는 것입니다. 신信과 해解는 늘 붙어서 다닙니다. 여러분은 믿는 것부터 하십니까?〔信〕, 아는 것부터 하십니까?〔解〕.

승만경을 즐거운 마음으로 읽을 만큼 믿음이 확실하다면 아는 것이 먼저일 수 있습니다. 어떻게 될지 모르는 것을 무턱대고 믿는 것보다 알고 믿는 것이 더 믿음직스럽겠지요. '안다'라고 하는 것은 굉장히 중요합니다.

여기에서 신信이라는 것은 법신 · 공여래장 자리를 믿는 것으로 진여 자리를 믿는 신진여信眞如와 같은 뜻입니다. 경전 내용상 법을 받아들이는 대상對象에 따라 표현 방법이 조금씩 다를 수 있지만, 승만경에서는 여래나 법신이라고 하고, 『기신론』에서 마명보살은 반드시 진여眞如라고 표현하였습니다. 망妄이 없는 진眞, 변함없는 여如, 그 자리가 바로 법신 자리, 즉 부처 되는 자리임을 믿는 것이 신심信心입니다.

여러분은 100미터를 달릴 때 몇 초 안에 달릴 수 있습니까? 그냥 100미터를 달리는 사람과 올림픽에서 0.0001초라도 기록을 단축하여 금메달을 따기 위해 목숨 걸고 달리는 사람의 자세는 다르기 마련입니다. 거기에 매달린 인생과 그렇지 않은 사람과는 각오나 표정부터 다릅니다. 가끔 100미터를 앞에 두고 금메달이라는 목적을 향해 달리는 사람의 각오·신념과 부처를 향해 수행해 나가는 나의 각오·신념이 어떤가를 비교해 보게 됩니다.

재가在家 불자님들은 집에서 살림도 해야 하고, 직장도 다녀야 하고, 사업도 해야 하는 등 이것저것 할 일도 많지만, 우리 출가자들은 오로지 상구보리 하화중생의 길을 향해 가고 있는 것입니다. 그렇기 때문에 나의 신념과 확신·원력願力이 100미터를 앞에 두고 금메달을 향해 달리는 선수와 같은 치열함이 있는지 반성을 자주 하게 됩니다. 스스로 미흡하다 여기기 때문에 더욱 그러한 생각을 했을는지 모르겠습니다. 우리는 과연 부처님을 이루려고 얼마나 노력하는가? 대大자유를 앞에 놓고 그런 확신을 갖고 출발했는가를 자문자답해 본 적도 많습니다.

| 번뇌조차도
| 공한 것이다

　8장 법신장은 법신에 대한 신해信解, 신심과 이해를 확고히 하는 장입니다. 불교는 신해행증信解行證의 종교입니다. 신신과 해解를 확실히 했을 때 행行할 수밖에 없게 되고 마침내 증득證得하게 되는 것입니다. 증득이 되면 비로소 완전히 여래장을 믿게 되는 것인지도 모릅니다.

　여기서 증證의 문제를 놓고 한번 생각하고 넘어가고 싶습니다. 증득, 즉 깨달음의 문제가 확실할까? 어떻게 오는 것인가? 아무리 앞에서 신신이 확실했다 해도 혹 그런 문제에 망상이 일어날 수도 있습니다. 증은 반드시 행行 다음의 순서이므로 이렇게 생각해 보면 어떨까요?

　도너츠 아니면 어떤 것이든 튀김을 할 때 완전한 열기의 온도에서 기름이 완벽하게 끓었고, 거기에 튀기고 싶은 식재료를 넣었을 때, 그 튀김 도너츠는 '나를 적당할 때 꺼내서 맛있게 먹어줄까? 안 꺼내서 더 까맣게 타버려 먹지 못하게 될까'를 걱정하지 않는답니다. 제가 직접 도너츠에게 물어보았습니다. 도너츠는 당연히 가장 알맞은 때 꺼내고 유용하게 쓰이는 것으로 문제는 기름의 적당한 온도일 뿐입니다. 우리가 어떻게 행하는 지가 문제일 뿐 증證의 문제는 어떤 망상도, 염려도 필요하지 않습니다.

　앞에서도 설명하였듯이 여래장에는 공여래장과 불공여래장 두 가지가 있습니다. 공空은 원래 그 자리가 일체 다 비었다는 것인데 우리는 잔뜩 있다고 착각하고 삽니다. 또한 본래 비어 있는 것인데 내가 환영幻影과 망상으로 착각하고 있다는 것을 인정해야 합니다. 옳고 그르다, 좋고 나쁘다, 있고 없다 등의 분별이 다 환영과 망상에서 비롯된 착각이요, 실제로는 공하다는 것을 인정하는 것이 굉장히 중요합니다.

이 여러 가지가 다 없다면 결국 생사도 없다는 것입니다. 현실적으로는 죽음도 있고 삶도 있지만 공여래장空如來藏 속에는 생사가 없습니다. 여러분 생각해 보세요. 생사가 없다면 얼마나 자유롭겠습니까? 우리는 생生에 대한 문제, 사死에 대한 문제를 풀기 위해서 공부를 하는 것입니다. 여러분은 문제 해결을 다 하셨습니까?

사실 저는 아직 생사 문제를 못 풀었습니다. 그래서 많이 부끄럽습니다. 특히 법회 때 법사法師에게 법문을 청하기 전에는 항상 청법가請法歌를 부릅니다. '덕 높으신 스승님 사자좌에 오르사' 하는 가사로 시작되는 청법가를 듣거나 삼배三拜를 받으면 정말 부끄럽고 굉장히 부담스러워요. 불교의식 중 한 부분이기에 할 수 없이 응하고는 있지만, 속으로는 부끄러워서 어쩔 줄 모른답니다. 이런 태도가 법사로서 바람직한 모습이 아닌 줄 알면서도 아직까지 고민도 많고 생사 문제에서 벗어나지 못했기 때문에 부담이 큽니다. 이는 솔직한 제 마음입니다.

이렇게 생生과 사死에 괴로움이 다 있다고 생각하는 것이 번뇌입니다. 그런데 번뇌조차도 진리에서 봤을 때는 공空한 것입니다. 우리는 크기는 다 다르지만 텅 빈 여래장을 모두 하나씩 가지고 있습니다. 아니 그 크기조차도 자기가 마음 먹기에 따라, 수행함에 따라 다 달라집니다. 바늘구멍만할 수도 있고, 표주박만할 수도 있고, 우주 법계처럼 헤아릴 수 없이 커질 수도 있습니다.

지금 당장 자기 자신의 마음을 생각해 보십시오. 어떨 때는 말할 수 없이 크고 따뜻하고 밝은 마음이었다가 어떤 때는 좁쌀보다 작고 옹졸하고 어두운 마음이 될 때도 있지 않습니까? 그와 같은 이치에서 보면 쉽게 이해하실 수 있을 것입니다.

한편 더욱 고마운 것은 불공여래장입니다. 이 말은 생각으로 헤아릴 수 없을 정도로 무량한 여래의 공덕을 함장하고 있다는 뜻입니다. 꽉 차 있는 것, 밀가루보다 부드러운 갠지스 강의 모래알보다 많은 여래의 공덕을 담고 있는 것이 불공여래장입니다. 모든 괴로운 번뇌가 다 빈 것이 공여래장이라면 모든 좋고 좋은 여래의 공덕을 다 가지고 있는 것이 불공여래장입니다. 우리가 비록 중생이라는 이름을 지니고 있지만 넉넉하고 충만한 중생입니다. 근본적으로 부처가 될 수 있는 진여, 여래장을 지니고 있다는 것을 확신시켜 주는 것이 법신장의 중요한 내용입니다.

"어떤 것이 두 가지 성스러운 진리의 뜻이냐 하면, 이른바 지음이 있는〔有作〕 성스러운 진리의 뜻을 설하는 것과 지음이 없는〔無作〕 성스러운 진리의 뜻을 설하는 것입니다."

요즘은 학교 교육도 한글화로 많이 바뀌었고, 그에 따라 전통 강원講院에서 공부하는 학인스님들의 교육도 한글화로 변하는 추세입니다. 전통적으로 한문 경전으로 공부했고 또 지금까지 그렇게 강의해 온 저도 이러한 추세를 환영합니다. 한문은 어차피 다른 나라 문자이므로 학인스님들에게 어렵게 다가오기 때문입니다. 한글로 공부하면 시간도 절약되고 이해도 빠르고 한문에 대한 공포감도 없어지고 가벼운 마음인 것도 사실이지요. 하지만, 그렇다고 한글로 배운다고 해서 경전의 뜻이 한 순간에 다 들어오는 것은 아닙니다.

　　유작有作은 유위법有爲法, 무작無作은 무위법無爲法이라 했습니다. 유위법은 중생들 속에서 조작하고 움직이는 것입니다. 무위법은 하나도 함이 없으며 공空과 연결됩니다. 한자에 할 '위爲'자가 있습니다. '위爲'자는 '한다'라는 뜻인데 아주 옛날에는 물론이거니와 지금도 '하옵소서' 하고 새기기도 하고 '해라' 하고 명령할 수도 있습니다. 앞뒤 문장을 보고 부처님께 '법을 설하여 주옵소서' 하면 위爲가 공손하게 되고 아랫사람에게는 '해라'라고 할 수도 있다는 말입니다. 그와 같이 한문에서 정말 깊은 맛이 나옵니다. 그래서 저는 승만경 한문 사경을 권장하고 있습니다.

　　유위법은 중생의 일이고 무위법은 도道에 가까운 일이라고 생각할 수 있지만 둘 다 무시할 수 없습니다. 그래서 금강경에서는 세 가지 진리인 진제眞諦와 속제俗諦, 중도제일의제中道第一義諦, 어느 한 가지에라도 집착하면 다 병통이라고 했습니다.

"세존이시여, 존재의 소멸을 괴로움의 소멸이라고 이름하지 않습니다. 존재의 소멸이란 지금 현재 가지고 있는 이런 것이 없어진 것을 괴로움의 소멸이라고 말하지 않습니다. 이른바 괴로움의 소멸이라고 하는 것은, 비롯함이 없고, 지음이 없으며, 일으킴이 없고, 다함이 없으며, 다함을 떠나 있으며, 상주하며, 자성이 청정하며, 모든 번뇌의 더미를 떠나는 것입니다."

이 구절은 청정법신 자리를 그대로 가지고 늘 그 자리에 존재하고 있음을 강조하는 것입니다. 공여래장 자리는 번뇌를 떼어놓고 침 뱉는 자리가 따로 있는 것이 아니라 부처의 성품을 그대로 유지하는 데 있습니다. 그리고 이것을 굳게 믿는 것을 신심이라고 합니다. 한마디로 청정법신 비로자나 부처님 자리를 법신장이라고 하는 것입니다.

제9장

공의 두 가지 진실한 모습

空義隱覆眞實章

덮이고 뒤집혔다 해서
여래장이 없어진 것은 아니다

"세존이시여, 여래장의 지혜는 여래의 공空한 지혜입니다. 세
존이시여, 여래장은 모든 아라한·벽지불·대력大力보살이 본
래 보지 못하는 바이며 본래 얻지 못하는 바입니다.

세존이시여, 두 가지 여래장의 공한 지혜가 있습니다. 세존이
시여, 공한 여래장[空如來藏]은 모든 번뇌의 더미에서 혹은 떠나
있으며, 혹은 벗어나 있으며, 혹은 그것과는 다른 것입니다.

세존이시여, 공하지 않은 여래장[不空如來藏]은 갠지스 강의 모
래알보다도 더 많은 부사의한 불법을 혹은 떠나지 않으며, 혹
은 벗어나지도 않으며, 혹은 그것과 다르지도 않습니다.

세존이시여, 이러한 두 가지 공한 지혜는 모든 위대한 성문들
도 능히 여래를 믿음으로 말미암아 이해할 수 있을 뿐입니다.
모든 아라한·벽지불의 공한 지혜는 네 가지 전도된 경지를 반

연으로 해서 작용할 뿐입니다.

그러므로 모든 아라한·벽지불은 본래 보지 못하는 바이고 본래 얻지 못하는 바입니다. 모든 괴로움의 소멸은 오직 부처님만이 깨달아 얻는 것이며, 모든 번뇌의 더미를 부수며 모든 괴로움을 소멸하는 길을 닦는 것입니다."

여래장, 이보다 더 큰 응원이 어디 있겠는가?

앞의 8장 법신장에서 법신을 설명하면서 공여래장과 불공여래장에 대해 구체적으로 언급하고 있는데, 9장 역시 여래장의 지혜에 공여래장과 불공여래장이 있으며, 공空의 두 가지 모습인 은隱과 복覆의 진실眞實을 설한 장章입니다.

은隱은 덮여 있는 것, 그늘져 있는 것을 뜻하는데, 그늘져 있다고 해서 여래장이 없어진 것은 아니라는 말입니다. 또한 복覆은 뒤집힌 것, 무너진 것을 뜻하는데, 즉 뒤집히고 전도되었다 해서 여래장이 없어진 것은 아니라는 말이지요. 이것은 곧 두 가지 진실로서 공여래장과 불공여래장을 말합니다.

"세존이시여, 두 가지 여래장의 공한 지혜가 있습니다. 세존이시여, 공한 여래장(空如來藏)은 모든 번뇌의 더미에서 혹은 떠나 있으며, 혹은 벗어나 있으며, 혹은 그것과는 다른 것입니다."

공여래장이 모든 번뇌의 더미에서 떠나 있고 벗어나 있다는 것은 한마디로 일체 번뇌가 '없다'는 것입니다.

"세존이시여, 공하지 않은 여래장(不空如來藏)은 갠지스 강의 모래알보다도 더 많은 부사의한 불법을 혹은 떠나지 않으며, 혹은 벗어나지도 않으며, 혹은 그것과 다르지도 않습니다."

이것은 8장에서도 말씀드렸듯이 부사의한 불법이 꽉 차 있다는 말입니다. 부처님의 부사의한 경계가 가득 차 있어서 불공不空이라는 것이지요. 인도에서는 아주 많다는 것을 갠지스 강의 모래알에 비유하는데, 경전에서도 그러한 비유가 많습니다.

불공여래장이 갠지스 강의 모래알처럼 많다는 것을 보면서 뿌듯한 느낌이 들지 않습니까? 우리도 헤아릴 수 없이 많은 여래의 씨앗을 잔뜩 가지고 있다는 말입니다. 이보다 더 큰 찬사, 응원이 어디에 있겠습니까? 통장에 넘치는 돈과 금은보화를 가지고 있다 한들 이보다 더 좋을 수 있겠습니까? 죽지도 않고 나지도 않고 크게 자유롭게 될 수 있는 씨앗이 나 자신에게 가득 들어 있다니 최고의 행복을 느꼈지요?

당나라 때 '무진장無盡藏'이라는 비구니스님의 오도송이 생각납니다.

盡日尋春不見春 芒鞋踏遍隴頭雲
하루 종일 봄을 찾아 다녔으나 찾지 못했네.
짚신이 닳도록 깊은 골, 구름 산, 넓은 들 헤매었네.

歸來笑拈梅花嗅 春在枝頭已十分
집으로 돌아오는 길 매화 향에 취해서 미소 지었네.
봄은 이미 매화나무 가지 끝에 가득 와 있었던 것을.

무진장 스님의 오도송에서도 불공여래장을 온전히 느낄 수 있습니다. 우리는 본래 간직하고 있는 여래의 씨앗은 잊은 채 갈망하면서 봄을 찾아 헤매고 있는데, 봄은 이미 우리 집 매화나무 가지 끝에 와 있었습니다. 내 안에 있었던 것을 모르고 그토록 헤매다녔던 것입니다. 여러분은 이제 멀리서 찾지 않으시겠지요. 곳곳에 놓인 행복을 발견하지 못하다가 비로소 발견했을 때의 행복, 그 더없는 행복감을 누리면서 살아가시길 기원드립니다.

| 죽음에서
| 자유로워지는 법

"모든 괴로움의 소멸은 오직 부처님만이 깨달아 얻는 것이며, 모든 번뇌의 더미를 부수며 모든 괴로움을 소멸하는 길을 닦는 것입니다."

물론 괴로움은 소멸이 쉽게 되는 것은 아닙니다. 쉽게 되었다면 저와 여러분의 만남도 이루어지지 않았겠지요. 앞에서도 말씀드렸듯이 번뇌에는 근본무명根本無明과 지말무명枝末無明이 있습니다. 그런데 지말무명은 떨쳐버릴 수 있지만, 근본무명을 떨쳐버리는 일은 최고의 경지에 오른 오직 부처님만이 하실 수 있는 것입니다. 이것이 우리에게는 지상 과제라고 할 수 있습니다.

　하나하나 현실적으로 나타나고 있는 탐·진·치를 비롯한 번뇌들을 없애십시오. 더 나아가 우리가 정진하는 궁극적인 목적은 생각을 송두리째 없애는 일입니다. 즉 가장 뿌리 깊게 자리한 근본무명을 없애는 것을 궁극적 목적으로 하는 것입니다. 그렇게 되면 살아가면서 겪는 온갖 괴로움에서도 벗어나고 사대로 흩어지는 죽음에서도 완전히 자유로워집니다.

　불현듯 지난주에 사바세계와 이별하신 월조月照 지명智明 노스님의 영결식 장면이 떠오릅니다. 저는 고등학교를 갓 졸업하고 곧바로 출가出家하였습니다. 출가 수행자로 살다 보면 삭발해 주신 은사스님, 부모님 같은 은사스님, 법을 전해 주신 법사스님, 계사戒師스님 등 수많은 스승님들 덕분에 잘 성장하게 되는 것입니다. 지금 생각해 봐도 스승님들 복이 참 많다는 생각에 미소가 절로 지어집니다. 옛날 어른스님들은 당신보다 수행력이 더 깊으신 분이 계시면 제자를 데리고 가서 삭발하게 하였습니다.

　저와 처음 인연이 된 은사스님도 매우 훌륭하셨지만, 은사스님 손에 이끌려 찾아간 곳이 용인 화운사이고, 제 단발머리를 삭발해 주신 분이 지명 노스님이셨습니다. 저의 삭발은사스님이신 지명 노스님께서는 제가 외국에서 공부할 때나 다시 강원으로 돌아와 강사를 할 때도 늘 편지로 격려해 주시고 한생각 '이 뭐꼬'를 챙기 도록 독려해 주셨습니다. 당신께서도 젊은 시절부터 열반에 드시 는 순간까지 '이 뭐꼬' 화두를 놓치지 않고 수행 정진하시다가 가 셨답니다.

치열한 수행 정진으로 후학의 모범이 되어주셨고, 어려운 여건 속에서도 한평생 도량 장엄불사와 인재불사로 한국불교 발전의 초석을 놓으신 비구니계의 큰 도인스님, 지명 노스님이 세수 93 세로 떠나시는 영결식 장면을 지켜보면서도 마음에서는 노스님이 떠나지 않으셨습니다. 스님의 육신은 한 줌의 재로 남으셨지만, 그것이 전부가 아니라는 사실을 이미 여래장에서 배웠기 때문에 노스님의 열반이 괴로움이 아닌 큰 깨달음으로 다가왔습니다.

제10장

하나의 진리

一
諦
章

번뇌의 불을
완전히 끄는 법

"세존이시여, 이러한 네 가지 성스러운 진리에서 셋은 무상하고 하나는 영원한 것입니다.

왜냐하면, 세 가지 진리는 함이 있는 현실〔有爲相〕속에 포함되는 것이기 때문입니다. 함이 있는 현실 속에 포함된다는 것은 곧 무상한 것입니다. 무상한 것은 곧 허망한 존재입니다. 허망한 존재라는 것은 진리도 아니며, 영원한 것도 아니며 의지할 만한 것도 아닙니다.

그러므로 괴로움이라는 진리, 괴로움의 원인에 대한 진리, 괴로움의 소멸에 이르는 길이라는 진리 등은 모두 제일의의 진리가 아닌 것이며, 영원한 것도 아니며, 의지할 만한 것도 아닙니다."

번뇌가 크면
깨달음도 크다

　제10장, 하나의 진리를 뜻하는 일제장一諦章은 제목만 다를 뿐 법신장과 같은 의미라고 보면 됩니다. 또한 사성제 가운데 고·집·도 3제와 멸제와의 관계를 설한 장으로서 여래장을 중심으로 한 승만경의 사성제관을 엿볼 수 있는 장이기도 합니다.

　"세존이시여, 이러한 네 가지 성스러운 진리에서 셋은 무상하고 하나는 영원한 것입니다"라고 하였는데, 이해하셨습니까?

　고집멸도苦集滅道, 이 네 가지 성스러운 진리에서 고苦·집集·도道 세 가지는 무상無常하고 멸滅은 영원하다는 말씀입니다.

　우리가 살아가는 세상은 괴로움을 참아야 한다 해서 사바세계, 괴로움의 바다[苦海]라고도 합니다. 저는 법문을 할 때 불자가 되는 첫 번째 자격이 고苦의 인식, 괴로움을 인정하고 받아들여야 한다고 강조하곤 합니다. 철두철미하게 고苦에 대한 인식을 해야만 그것을 타파하기 위한 생각을 일으키게 되기 때문입니다.

　괴로움의 원인은 곧 괴로움의 모음인 집集입니다. 죽음에 대한 괴로움은 세상에 태어난 사람이면 대부분 같을 수 있겠지만, 생활 속에서 부딪치는 괴로움은 사람에 따라 조금씩 각각 다를 수 있습니다. 집착이 강해서 털어버리지 않고 모아두는 사람이 더 괴로워하는 게 사실입니다. 특히 자기 자신에 대한 집착이 강할수록 사사건건 보이는 것마다 괴로움의 원인이 됩니다. 하지만 번뇌가 크면 깨달음도 크다는 말이 있는 것처럼 이런 분들이 전미개오轉迷開悟, 즉 번뇌의 미혹을 확 바꿔서 깨달음을 여는 경우도 있습니다.

이러한 괴로움을 없애는 방법이 도道입니다. 부처님께서는 여덟 가지 바른 길(팔정도)을 설하시어 괴로움을 없애는 방법을 일깨워 주셨습니다. 부처님은 고통을 피하지 않고 정면으로 부딪쳐 깊이를 모를 정도로 고뇌하고 수행을 통해 완전하게 해결하신 분입니다.

또한 부처님께서 가르쳐 주신 불교의 대표적인 교리가 바로 사성제입니다. 그런데 승만경에서는 부처님께서 3제는 항상 무상無常하고 번뇌가 멸한 1제, 곧 영원한 깨달음의 세계가 있다는 것을 강조하셨습니다.

괴로움도 집착도 도를 닦는 방법도 역시 변화무쌍합니다. 무상하다고 하는 것은 고정된 것이 없다는 말과도 통합니다. 생각해 보십시오.

어릴 적에는 큰 괴로움인데 성장하면서 아무 것도 아닌 것이 있고, 또 그와 반대로 어릴 때는 괴로움인 줄도 몰랐던 것이 어른이 되어서는 괴로움 덩어리로 변한 것이 얼마나 많습니까? 어려서 집착했던 장난감과 어른이 되면서 집착하는 것들이 달라지는 것을 생각하면 이해가 빠를 것입니다. 괴로움과 집착처럼 '고'의 원인을 타파하고 집착에서 벗어나는 방법도 변할 수 있습니다.

| 그 마음을 잘 쓰는 것이
| 최고의 행복

　하나의 진리인 멸제滅諦는 완전한 열반涅槃을 뜻합니다. 한자 멸滅을 살펴보세요. 물 옆에 불도 있고 창도 있는 것이 멸입니다. 불도 불 나름이지만 작은 불에는 물 한 컵만 부어도 꺼집니다. 물과 불은 꺼지는 관계입니다. 물 '수水'와 불 '화火'자만 써 놓아도 멸滅이라고 봅니다. 여기에서 '꺼지다'라는 것은 번뇌가 꺼졌다는 것입니다. 꺼져야 할 대상은 모두 번뇌입니다. 꺼져버려야 할 목적도 번뇌입니다. 이러한 것이 다 꺼져버리면 니르바나(nirvāna, 열반) 즉 멸에 이르는 것입니다. 일체 중생의 그 많은 번뇌들, 생각들이 다 소멸되는 것이 멸의 경지인 열반입니다.

　혹자는 궁금해 할 것입니다. 파스칼의 "인간은 생각하는 갈대다"라는 명제가 수많은 사람들의 마음을 사로잡았고, 그것을 증명하듯 생각과 관련된 책들도 많이 출간되었습니다. 실제로 이 험한 세상에서는 생각이 많아야 잘 돌아가고, 생각이 없으면 살아남을 수 없을 것처럼 보입니다. 그러나 출세간법에서는 그 생각이 다 꺼져버려야 제대로 잘 산다는 것입니다.

　이와 같이 세간법世間法과 출세간법出世間法은 늘 거꾸로 돌아가는 것 같습니다. 당장 저만 봐도 그렇습니다. 저는 산문 밖으로 나와서 법회를 마치면 저녁공양 시간과 예불 시간에 맞추어 바쁘게 산중으로 돌아갑니다. 그런데 산중에 왔던 세간 사람들은 법회를 마치고 혹은 참배를 마치고 산중 밖으로 돌아가기 바쁩니다. 만일 세간에서 생활하면서 생각 없이 산다면 멍청이 취급을 받을 것입니다. 하지만 출가 수행자는 생각이 많으면 수행에 진전도 없고 어른스님들께 속물이 덜 빠졌다고 혼나기 일쑤일 겁니다.

아무튼 꺼졌다고 하는 멸의 진정한 의미는 일체 모든 번뇌 망상, 생각조차도 다 없어진 열반을 뜻합니다. 그런데 열반에도 무여열반無餘涅槃과 유여열반有餘涅槃으로 나누어 표현하기도 합니다. 이 사바세계에는 생각이 있는 것이든 없는 것이든 영원한 것이 없는데, 영원한 것이 없다고 하는 하나의 진리는 영원한 것이고, 이것이 멸도滅道입니다.

우리에게 좋은 것만 기억해도 됩니다. 좋은 것 기억하기도 어려운데 좋지 않은 것까지 기억하겠습니까?

공여래장과 불공여래장을 둘 다 기억하면 좋겠지만, 공여래장은 번뇌가 다 비어서 가벼워서 좋습니다. 그런데 저는 불공여래장에 방점을 찍고 있습니다. 인류에게 희망이 되는 최고의 메시지는 '네가 곧 부처다.' '중생이 곧 부처다.' '네가 곧 신이다'라고 하신 부처님 말씀이기 때문입니다. '너는 여래의 씨앗이 충만한 존재'라는 의미를 가진 불공여래장이 가슴에 더 와 닿지 않습니까?

제가 절에 와서 처음으로 들었던 말, 말뜻은 잘 모르는 데도 뭔가 가슴을 환히 열어주던 말씀이 바로 심즉시불입니다. 마음이 부처입니다. 우리가 마음을 어떻게 쓰고 실천하느냐에 따라 부처도 되고 중생도 되는 것입니다. 그래서 마음은 닦는 것이 아니라 쓰

는 것, 용심用心이라고 해야 더 정확합니다. "그 마음을 잘 쓰는 것
이 최고 행복한 사람이다", 저의 스승이신 명明 자字 성星 자字 스
님은 이 말씀을 늘 강조하십니다.

　우리는 우리 모두 여래의 씨앗이라는 데 대한 신심이 있어야 합
니다. 승만경의 법신장 · 여래장 · 일제장 등에서 초지일관 강조하
는 것 또한 바로 '너는 여래의 씨앗'이라는 것입니다.

　"괴로움의 원인에 대한 진리. 괴로움의 소멸에 이르는 길이라
는 진리 등은 모두 제일의의 진리가 아닌 것이며, 영원한 것도 아
니며, 의지할 만한 것도 아닙니다"라는 말로 10장 일제장을 끝맺
고 있습니다. 앞에 말한 세 가지 진리〔苦集道〕가 꼭 의지할 바는 못
되는데, 한 가지 의지할 것은 무엇인가에 대해서는 11장 하나의
의지처〔一依章〕에서 밝히고 있습니다.

하나의
의지처

一依章

영원한 진리에
의지하라

"오직 하나 괴로움의 소멸이라는 진리만이 함이 있는 현실을 떠나는 것입니다. 함이 있는 현실을 떠나는 것은 곧 영원한 것입니다. 영원한 것은 허망한 존재가 아닙니다. 허망한 존재가 아니라는 것은 진리이며 영원한 것이며 의지할 만한 것입니다. 그러므로 괴로움의 소멸이라는 진리만이 제일의의 진리입니다."

자기 자신과 법을
등불로 삼으라

11장 일의장一依章은 멸제滅諦 하나만이 우리가 의지해야 할 장이라는 것을 짧게 설명하고 있습니다. 멸제는 단순히 번뇌를 멸하는 것이 아닙니다. 10장에서도 말씀드렸듯이 멸제는 열반涅槃을 뜻합니다. 열반을 다르게 말하면, 모든 공덕을 갖춘 영원한 생명〔永生〕이라 할 수 있습니다.

외도外道는 멸을 모릅니다. 정도正道만 멸을 압니다. 우리가 불교 공부를 하고 수행을 할 때도 멸滅을 목적으로 해야지 다른 것을 목적으로 하면 결단코 안 됩니다. 그렇게 되면 부처님의 뜻과는 십만팔천 리 멀어지게 되는 것입니다. 우리의 궁극적인 목적은 모든 번뇌를 멸하고서 영생하는, 불생불멸不生不滅하고 불구부정不垢不淨한 멸, 곧 열반을 구해야만 참다운 공부를 하게 되고 뜻을 이루게 됩니다.

멸을 목적으로 해서 멸을 구하는 것이 정도正道라는 것을 마음에 새겨야 합니다. 우리가 똑같은 보시를 한다 하더라도 멸滅을 구해야 정도입니다. 똑같은 보시행이라 할지라도 멸을 구하면 정도이고, 멸을 구하지 않고 다른 이익, 즉 천상에 태어나길 원하고 좋은 몸 받기를 원한다면 그 또한 정도가 아닙니다.

더욱 중요한 것은 번뇌에 휘둘리지 말라는 것입니다. 번뇌만 잘 다스리면 우리 안에 있는 여래의 씨앗이 싹을 틔웁니다. 아무리 번뇌가 여래의 씨앗을 두껍게 감싼다고 해도 여래의 씨앗은 금강석처럼 변치 않고 발아할 때를 준비하고 있습니다.

윤회輪廻의 원인이 되는 생사고生死苦에서 벗어나서 진공적멸眞空寂滅에 드시길 빕니다. 또한 진공眞空과 단공但空에 대해서도 구분할 줄 알아야 합니다. 불교는 그 깊이와 넓이를 모를 만큼 심오

한 가르침을 담고 있기 때문에 용어의 개념을 잘 모르면 오류를 범하기 쉽습니다.

우리가 흔히 말하는 공空, 텅 빈 공을 생각하면 허무虛無를 떠올리는데 이럴 때는 다만 단자를 써서 단공但空이라 합니다. 다만 빈 것이 단공이라면 진공眞空은 공 가운데 그야말로 신비하고 생각으로 헤아릴 수 없는 공덕이 충만해 있는 것입니다.

소승小乘이 단공이라면 대승은 진공입니다. 소승은 단공만 생각하기 때문에 허무주의가 되기 쉽고 상구보리, 즉 자리自利, 자기 수행에만 치우치는 것입니다. 그에 비해 대승은 진공묘유, 온 우주에 충만한 공, 공덕을 논하기에 상구보리 하화중생을 새의 양 날개처럼 중요시합니다. 보살행에 더욱 치중하는 것도 깨달은 만큼 실천하는 대승 정신에서 비롯된 것이지요.

승만경에서 멸·열반을 하나의 진리요, 하나의 의지처라고 강조하는 것도 궁극적으로 영원한 진리로 의지할 만한 것이기 때문입니다. 괴로움의 소멸이라는 진리, 진공적멸이라는 진리만이 제일가는 진리입니다.

그런데 여기에서 꼭 새겨야 할 게 있습니다. 1층, 2층이 없는 3층이 있을 수 없듯이 멸제 외에도 앞서 나온 고집도제를 무시할 수 없다는 것입니다. 하나의 의지처, 즉 멸제라고 하는 변함없는 영원한 진리를 알고 믿고 실천하기 위해서는 절대로 앞의 1, 2층을 무시하면 안 됩니다. 고집도제苦集道諦도 매우 중요하고, 그것을 무시한 일의제一義諦가 아니라는 것이지요. 앞의 단계를 모두 거쳐

왔으니 멸제라는 영원한 진리를 기억하고 의지처로 삼으라는 뜻입니다.

의지처는 세간에서든 출세간에서든 삶의 주춧돌과 같은 것입니다. 의지할 곳이 있어야 마음도 안정이 되고 새로운 에너지를 받을 수 있기 때문입니다. 세상에서 가장 불쌍한 사람이 의지할 곳이 없는 사람입니다.

부처님께서 반열반에 드시기 직전 수많은 제자들이 모여들어 슬퍼했습니다. 지금까지 의지하던 부처님께서 반열반에 드시면 어떻게 사느냐며 통곡하는 이들도 있었습니다.

그때 아난존자가 대중을 대표해서 부처님께 "부처님, 이제 우리는 누구를 의지하고 살아야 합니까?"라고 여쭈었습니다.

이에 부처님께서 말씀하시길, "아난이여, 여기에 스스로를 주州〔등불〕로 하고 스스로를 의지처로 하고 타인을 의지처로 하지 말며, 법을 등불로 하고 법을 의지처로 하여 다른 것을 의지처로 하지 말고 머물라"고 하셨습니다.

자기 자신과 법을 등불로 삼고 의지처로 삼으라는 말씀은 불자들의 신행 기본 지침이기도 합니다. 여기에서 법은 세간에서 의식적으로 살림살이하는 유위법이 아닙니다. 함이 있는 유위법을 떠난 무위법無爲法을 뜻합니다.

이해하기 쉽게 예를 들어서 말씀드리겠습니다.

저를 출세出世라고 한다면, 제가 저에게만 너무 집착해도 안 되고 다른 세상 법에 너무 집착해도 안 됩니다. 그 두 가지를 초월한 것이 제일의제第一義諦, 하나의 진리입니다. 진제眞諦와 속제俗諦를 초월, 그 두 가지를 아우를 수 있는 중도제일의제中道第一義諦는 금강경의 요체이자 불교의 핵심 사상입니다.

다시 말해서, 우리가 의지해야 할 오직 하나의 의지처는 멸제인데, 이 멸제라는 것은 진제·속제를 포함하고 초월한 완전무결한 자유의 세계입니다. 우리가 지금 승만경을 읽으면서 공부하는 것도 그 길을 향해 가는 것입니다.

제12장

전도된 견해와 올바른 견해

一乘章

두 가지
전도된 견해

"생각으로 헤아릴 수 없는 것이 괴로움의 소멸이라는 진리입니다. 모든 중생의 심식心識으로 헤아릴 수 있는 대상을 넘어서 있는 것이며, 또한 모든 아라한, 벽지불의 지혜가 미칠 수 있는 것도 아닙니다. 비유하면, 마치 태어나면서부터 앞을 못 보는 사람은 갖가지 형상을 보지 못하는 것과 같고, 이제 태어난 지 7일 되는 아기가 태양을 보지 못하는 것과 같습니다.

괴로움의 소멸이라는 진리 역시 이와 같아서 모든 범부의 심식으로 헤아릴 수 있는 대상이 아니며, 또한 이승二乘의 지혜가 미칠 수 있는 경계도 아닙니다. 범부의 심식이라는 것은 극단적인 견해〔二見〕로 뒤바뀐 것이며, 모든 아라한 · 벽지불의 지혜는 곧 청정합니다.

치우친 견해[邊見]라는 것은, 범부가 몸과 마음의 다섯 가지 구성 요소[五受陰]에 대하여 아견·망상·집착으로 두 가지 소견을 일으키는 것을 치우친 견해라 이름하는 것이니, 이른바 상견常見과 단견斷見입니다. 모든 지어진 것은 무상하다고 보는 것은 단견이니 올바른 견해가 아닙니다.

열반은 영원하다고 보는 것은 상견이니 올바른 견해가 아닙니다. 모두 망상으로 인해서 이러한 견해를 짓는 것입니다. 신체와 여러 감각 기관에 대하여 분별하고 사유하되 현재의 존재가 부서짐을 보면서도 윤회 생존의 계속함[有相續]을 보지 못하여 단견을 일으키는 것은 망상으로 인해서입니다. 마음의 상속에 대하여 어리석은 사람이 알지 못하고 이해하지 못하며, 찰나 사이의 의식 작용에 대하여 상견을 일으키는 것도 망상으로 인해서입니다.

이 같은 망상의 견해가 그 같은 뜻에 대하여 지나치거나 모자라서 다르다는 분별[異相分別]을 짓거나, 끊어졌다고 하거나 영원하다고 생각하여서 전도된 중생은 몸과 마음의 다섯 가지 구성 요소에 대하여 무상한 것을 영원하다고 생각하고, 괴로움인데 즐거움이 있다고 생각하고, 무아를 아我라고 생각하고, 부정한 것을 청정하다고 생각합니다. 모든 아라한·벽지불의 청정한 지혜라는 것은 모든 앎의 경계 및 여래의 법신에 대하여는 본래 보지 못한 바입니다. 어떤 중생이 부처님 말씀을 믿기 때문에 영원하다는 생각·즐겁다는 생각·나라는 생각·깨끗하다는 생각을 일으키는 것이니, 전도된 견해가 아니며 올바른 견해라고 이름하는 것입니다."

치우치지 않고 집착하지
않으면 자유롭다

12장은 전도된 견해와 올바른 견해에 대한 장입니다. 전도는 꼭대기·정수리 전顚, 넘어질 도·거꾸로 도倒 자를 쓰는데, 뒤바뀐 헛된 생각을 뜻합니다. 전도는 옳은 것을 그르다고 하고 그른 것을 옳다고 하는 생각입니다.

예를 들어서 물이 가득한 컵을 들고 가다가 어딘가에 걸리면 쏟을 듯 말 듯 위태한 그런 순간을 전도된 순간이라고 합니다. 안정적이지 않고 위태롭고 불안하여 딱 떨어뜨리려고 하는 순간, 자유롭지 않은 것을 전도라고 합니다. 여러분에겐 전도몽상顚倒夢想이라는 말이 더욱 익숙하실 것입니다. 실제로 전도몽상이 제대로 갖춘 표현입니다.

제한된 지면에 설명해야 하므로 요약해서 요점만 간추려서 짚고 넘어가겠습니다. 전도된 두 가지 견해가 있다고 했는데, 이것은 상견常見과 단견斷見입니다.

혹시 사경寫經하실 때 읽어보신 일이 있으신지 모르겠습니다만, 두 가지 잘못된 견해는 상견과 단견입니다. 쉽게 말해서 있다는 생각과 없다는 생각, 내 생각이 옳고 네 생각은 그르다 등과 같이 치우친 견해를 잘못된 두 가지 견해라고 합니다.

두 가지 견해 중의 하나는 상견常見입니다. 모든 것은 영원히 늘 있다고 하는 상견은 잘못된 견해 중의 하나입니다. 극단적인 유有

에 대한 집착도 잘못된 견해 중의 하나입니다.

다른 하나는 상견常見의 반대라 할 수 있는 단견斷見입니다. 없다는 견해, 인과因果가 없다는 견해, 극단적 부정적 견해가 단견입니다. 단견은 아주 위험한 견해입니다. 인과나 모든 것을 부정하는 견해는 이 세상이 너무 허망하여 살고 싶지 않다거나 다음 생이 없다는 견해를 갖게 됨으로써 '되는 대로 살면 되지' '대충 막 살자' 하는 견해를 가질 수 있습니다. 단견은 상견보다도 더 위험한 견해 중 하나입니다.

물론 이러한 두 가지 견해에 너무 치우쳐 있는 것도 또한 위험한 견해입니다.

우리는 21세기 문이 열릴 때 대단한 일들이 많이 일어날 것처럼 들떠 있었는데, 특별히 하루아침에 바뀌는 것은 아닙니다. 서서히 변하다가 어떤 계기가 왔을 때 확 변하는 것처럼 보이는 것입니다. 물도 끓을 때 섭씨 100도가 되어야 끓듯이, 소나무 위에 눈이 쌓였을 때 어느 정도까지는 버티다가 어느 한 순간 우두둑 가지가 찢어지는 것도 마지막 열기, 마지막 몇 개의 눈송이가 그 순간을 맞이하게 하는 것입니다. 21세기에 들어선 지 벌써 14년이 훌쩍 지났는데, 그동안 접했던 소식 중 제가 가장 많이 들었던 말에 속하는 것이 힐링(Healing)과 글로벌(Global)입니다.

저는 예나 지금이나 운문사에 오시는 분들과 함께 가끔 이야기를 나눌 기회가 있으면 언제든지 나누는 편이고, 법문도 해 달라면 시간이 허락되는 한 요청에 응하곤 합니다. 그런데 요즘은 법문이 아니라 힐링 특강을 해 달라는 요청을 자주 받습니다. 복잡다단하게 급변하는 세상에서 힐링이라는 언어들을 새롭게 접하면서 마음의 상처를 치유하고 마음이 편안해지는 것 같은 생각이 듭니다.

글로벌이라는 말에 대해서도 많이 생각하였는데, 지나친 상견常見이나 지나친 단견斷見에 치우치지 않는 견해가 글로벌이라고 생각합니다. 내 생각, 내 것만이 옳다고 하는 것은 글로벌한 견해가 아닙니다. 정말 넓게 원만하게 하나로 볼 수 있는 자유로운 생각이 글로벌화된 견해이자 정신입니다.

불자들은 법회의식 때는 기본이고 시시때때로 반야심경을 외고 있을 것입니다. 반야심경 한 구절만 읽어 보아도 글로벌화化될 수 있습니다. '더럽지도 깨끗하지도 않고 늘지도 줄지도 않고…' 하는 이런 것이 곧 글로벌화된 생각입니다.

아무튼 전도는 거꾸러진 잘못된 견해이고, 잘못된 견해는 크게 두 가지, 상견과 단견이 있습니다. 거꾸러진 견해가 있으면 올바른 견해도 있기 마련이고, 진실은 올바른 견해입니다. 그런데 우리는 잘못된 견해에 초점을 맞추고 많은 생각을 일으키며 살아가고 있습니다. 늘 생각하고, 행위를 하면서 살고 있는데 여러분은 주로 어떤 생각을 많이 합니까? 지금 책을 보고 있는 이 순간에도 딴생각을 하고 있지는 않으십니까?

어린애에게 받은 화두,
저게 뭐야?

신도님들이 말씀하시길, 스님들 하면 참선하고 있는 모습이 떠올려진다고 합니다. 그 말씀을 듣고 참 다행스럽다는 생각을 한 적이 있습니다. 그렇다면 왜 우리 선객스님들이 참선 수행을 하는지 알고 계십니까? 올해만 해도 2,000여 명의 스님들이 산중의 선원禪院 곳곳에서 동안거 결제에 들어서 지금 이 시간에도 고요히 참선 수행을 하고 있습니다. 저는 강사이기 때문에 동안거 결제에 들어가진 않고 운문사 강원에서 학인스님들을 가르치거나 여러 법회에서 법을 설하고 있습니다만, 제가 하는 일 또한 참선 수행 못지않은 진정한 마음으로 경전을 강의하고 법문을 하고, 지금 『승만경을 읽는 즐거움』을 쓰고 있기도 합니다.

언제 기회가 되면 참선하시는 스님들께 여쭈어 보십시오. 무엇을 목표로 그렇게 묵묵히 앉아서 수행 정진하고 있습니까?

한마디로 생각을 없애기 위해서입니다. 생각을 사그라지게 하고 없애는 훈련이 침묵이고 좌선이고 명상입니다. 생각이 없어졌을 때 우리는 매우 자유로운 경지에 들어갑니다. 그것을 부처님, 여래라고 합니다. 참선參禪하려고 온 분들에게 생각을 없애려고 앉았는지 생각을 일으키려고 앉았는지 물어보십시오.

선禪 수행을 할 때 반드시 드는 화두話頭에 대해 말씀드리겠습니다. 화두는 한마디로 생각을 잠재우는 방편입니다. 예로부터 내려오는 1600공안 중에서 하나를 선택하여 화두로 삼고 수행하게 된 것입니다. 예를 들면, 무無, 이 뭐꼬? 심즉시불心卽是佛 등이 있습니다. 일하는 소의 입에 부리망(새끼로 그물처럼 얽어 만든 입마개)을 씌우지 않으면 자꾸 풀만 뜯어 먹으려 하고 일을 게을리 하게 마련입니다. 그래서 소가 먹는 데 신경쓰지 않고 일에 집중할 수 있도록 입에 부리망을 씌우는 것입니다. 그처럼 일체 모든 생각을 잠재우고 집중하여 수행하기 위해서, 화두를 정해 놓고 망상이 일어날 때마다 생각을 하나로 모으게 하는 것입니다.

제 화두는 '저게 뭐야?'입니다.

1970년대 초 저는 서울 돈암동 만법사에서 동국대학교에 다녔습니다. 20대 학인 시절에 아주 어린 여자아이한테 화두를 받은 셈입니다. 지금 생각해도 미소가 지어집니다. 그 당시에 저는 까만 승복을 입고 다녔습니다.

어느 날 학교에 가려고 신흥사 종점 버스 정류장에 서 있었는데, 할머니와 함께 버스를 기다리던 대여섯 살 된 어린아이가 저를 아주 관심 있게 쳐다보았습니다. 어린 아이가 머리를 깎은 저를 보면서 궁금했나 봅니다. 저를 아래 위로 훑어보더니 오빠인지 언니인지 알 수가 없었던지 할머니를 툭 치면서 "저게 뭐야?" 하며 손가락으로 나를 가리키는 것이었습니다. 저는 그 말을 듣는 순간 뒤통수를 크게 한 대 맞은 것처럼 충격을 받았습니다.

할머니는 너무 민망하고 당황스러운 표정으로 아이에게 꿀밤을 한 대 쥐어박더니 얼른 아이를 데리고 가버렸습니다. 그렇게 예쁜

여자아이가 이렇게 멋진 비구니스님을 보고 "저게 뭐야?" 하는 소리는 정말 충격이었습니다.

손목을 가슴 쪽으로 향해서 엄지손가락으로 자신을 가리키며 "이게 뭐야?" 하고 반문해 보십시오. '때로는 슬퍼서 울고, 때로는 기뻐서 웃고, 행복감에 젖어 하늘을 날 것 같기도 하고, 불행감과 우울감으로 땅속 깊이 빠져드는 것 같기도 하고, 어느 때는 함께 사는 사람이 정말 소중하게 느껴지기도 하고 또 어느 때는 말할 수 없이 지겹기도 하고, 별별 생각 다 일어나게 할 줄 아는 이게 무엇일까?'

저는 '저게 뭐야?'라고 한 그 아이와의 만남 이후로 특별히 산중에 계시는 어느 큰스님을 찾아가 화두를 타지 않았습니다. '이게 뭐야?'를 화두로 삼았기 때문입니다. 그런데 경전과 선어록을 공부하다 보니 중국어로는 '这是什么(zhè shì shén,me)? 이게 뭐야?' '이 뭐꼬? 시삼마是甚麼'라는 화두 중 하나라는 것을 알았습니다.

아이가 던진 "저게 뭐야?"라는 말에 깜짝 놀라며 저 자신 '이게 뭘까?'에 대해 끙끙대면서 참구했지만, 이론으로는 알았다 해도 근원적으로 아직까지 해결되지는 않았습니다.

화가 날 때도 성이 날 때도 기쁠 때도 이렇게 화내고 성낼 줄 아는 이것, 기뻐할 줄 아는 '이게 뭐지?'라고 참구했습니다. 많은 생각이 일어날 때도 '이 뭐꼬?' 화두를 들었습니다. 본인이 가지고 있는 여러 갈래의 생각들을 한 가지 생각으로 모으면 그 힘 또한 하나로 집중되어서 어떤 망상도 일어나지 않게 됩니다. 그래서 생각이 없으면 부처, 어떤 생각도 일어나지 않았을 때 매우 자유롭다고 합니다.

사실 세상에 생활인으로 살면서 생각을 비우면 본인이 맡은 업무를 제대로 처리하지도 못하고 문제가 많아질 것입니다. 그렇지만 생각이 없는 것, 즉 망상이 없는 경지에 이를 수 있는 것이야말로 진정한 공부요, 올바른 견해라고 할 수 있습니다.

올바른
견해

"왜냐하면 여래의 법신은 곧 완전한 상주(常波羅蜜), 완전한 기쁨(樂波羅蜜), 완전한 아(我波羅蜜), 완전한 청정(淨波羅蜜)이니, 부처님의 법신에 대하여 이러한 견해를 갖는 것을 올바른 견해라고 이름합니다. 올바르게 보는 자는 곧 부처님의 참된 아들이니 부처님의 입으로부터 태어나며, 올바른 가르침을 좇아서 태어나며, 올바른 가르침의 교화를 좇아서 태어나며, 가르침의 재산을 상속하는 사람입니다.

세존이시여, 청정한 지혜라는 것은 모든 아라한·벽지불의 지혜 바라밀입니다. 그런데 이렇게 청정한 지혜는 비록 청정한 지혜라고는 하지만 저 괴로움의 소멸이라는 진리에 있어서도 작용하지 못하거늘, 하물며 네 가지 의지의 지혜(四依智)에 작용하겠습니까. 왜냐하면, 세 가지 길(三乘)에 속하는 초심자도 가르침과 그 뜻에 어리석지 않으며, 마땅히 깨닫고 마땅히 얻어야 하는 것입니다. 그를 위하여 세존께서는 네 가지 의지할 바를 설하시는 것입니다.

세존이시여, 이 네 가지 의지할 바는 곧 세간의 법입니다. 세존이시여, 하나의 의지할 바[一依]라는 것은 모든 존재의 의지할 바이며, 세간을 벗어나는 제일의第一義의 의지할 바이니, 이른바 괴로움의 소멸이라는 진리입니다."

절대 자유,
영원한 기쁨의 세계

앞에서 두 가지 잘못된 견해, 곧 상견과 단견의 잘못에 대해 역설해 놓은 다음 여기에서는 '무엇이 가장 올바른 견해일까?'에 대한 궁금증을 풀어주고 있습니다. 또한 이 대목은 대승불교의 법신관을 보여주고 있으며, 법신열반의 사덕에 대해 설하면서 이것이야말로 올바른 견해임을 구체적으로 묘사하고 있습니다. 이미 현실 자체는 괴로움의 바다로서 중생은 누구나 고통 속에 살고 있고, 고통에 대한 인식을 철저하게 하고 팔정도를 실천함으로써 열반의 경지에 이른다고 설명했습니다. 그런데 법신은 상락아정常樂我淨, 항상 영원하고, 최고 최상의 즐거움이며, 절대적인 자유를 찾은 큰 나·참 나요, 완전히 청정한 세계라는 것입니다.

"왜냐하면 여래의 법신은 곧 완전한 상주[常波羅蜜], 완전한 기쁨[樂波羅蜜], 완전한 아[我波羅蜜], 완전한 청정[淨波羅蜜]이니, 부처님의 법신에 대하여 이러한 견해를 갖는 것을 올바른 견해라고 이름합니다."

완전한 상주常住는 상常바라밀, 완전한 기쁨은 락樂바라밀, 락의 반대는 고苦, '완전한'이라고 하는 말은 고苦를 배제한 즐거움을 완전한 '락'이라고 합니다.

중생 세계에서 일어나는 즐거움은 반드시 고苦가 따릅니다. 우리가 어릴 적에 학교 다닐 때를 회상해 보십시오. 방학 내내 실컷 노는 데 정신이 팔려서 숙제를 하지 않고 방학 전날 한꺼번에 하려면 얼마나 고통스러웠습니까? 이런 고통은 차라리 즐거운 추억으로 남을 수도 있습니다.

그런데 철없는 젊은 엄마가 오락에 빠져서 PC 방에서 놀다 오니 몇 개월 된 아기가 죽어 있었다는 소식도 불과 얼마 지나지 않은 뉴스입니다. 아무리 철없는 엄마라 해도 자신의 방임으로 자식이 죽게 되었으니 얼마나 괴롭겠습니까? 어디 그뿐인가요? 도박 빚 때문에 자살했다는 소식은 심심치 않게 들리고, 심지어 명품 백을 갖고 싶어서 도둑질을 하거나 일탈 행위 등 평생 후회할 행동을 하는 일도 있다고 합니다. 이와 같이 사바세계 중생의 즐거움은 반드시 고통의 원인을 동반하고 있습니다.

부지락시고인不知樂是苦因, 낙이 고의 원인인지 알지 못했다는

말이 있습니다. 여기에서 완전한 낙은 고苦가 없는 완전한 열반락
涅槃樂, 완전한 기쁨을 말합니다. '완전한 아我'는 내가 있고 상대인
네가 있는 상황에서 남과 비교하는 아가 아니라 완전한 아我를 말
합니다. '완전한 청정淸淨' 또한 깨끗하지 못한 상대가 있는 것이
아니라 완전한 깨끗함, 완전한 청정, 이것을 정淨바라밀이라고 합
니다.

중생세계는 늘 있다고 하지만 없어지는 것이 있고 즐거움도 고
가 따르기 마련입니다. 하지만 부처님의 깨달음의 경지인 완전한
열반에서 말하는 상常 · 락樂 · 아我 · 정淨은 부정적인 상대가 있는
것이 아닙니다. 완전무결한 상락아정常樂我淨입니다. 그래서 이 네
가지를 부처님의 열반사덕涅槃四德이라고 하는 것입니다.

『열반경』에 이르길, "상락아정은 불지덕야佛之德也요, 수일심이
성도修一心而成道"라고 했습니다. 상락아정은 부처님의 덕이요, 한
마음을 닦는 것이 도를 이루는 것이라는 말씀입니다. 이와 같이
부처님의 덕을 완전무결하게 인지하고 믿고 실천하는 것, 무엇보
다 우리도 부처님과 똑같은 여래의 씨앗을 지니고 있다는 것을 믿
는 것이 올바른 견해입니다. 열반사덕을 잘 알고 올바른 견해로
살아가는 것을 거듭 강조하고 있는 대목이기도 합니다.

열반사덕을 바라밀로 표현했는데, 바라밀은 산스끄리뜨로서 한
문으로 번역할 때는 제도한다는 뜻으로 건널 도渡 자를 씁니다. 애
욕으로 얽힌 사바세계의 고통을 건널 때 지혜로써 저 피안으로 건
너간다는 말이지요. 흘러가는 물은 애하愛河, 애욕의 강이라고 합

니다. 사바세계에서 애욕의 강을 건너는 데는 선정禪定 등 여러 가지 배가 있겠지만, 반야용선(지혜)을 타고 저 언덕 피안까지 안전하게 건넌다는 뜻인데, 이것 또한 어디까지나 하나의 방편입니다.

> 법도 집착하지 말아야 하는데
> 하물며 법 아닌 것이랴

불교에서는 뗏목에 대한 비유를 써서 법에 대한 집착조차 경계합니다.

"비구들이여, 나는 또 너희들에게 집착을 버리도록 하기 위하여 뗏목의 비유를 들겠다. 어떤 나그네가 긴 여행 끝에 바닷가에 이르렀다. 그는 생각하기를 '바다 건너 저쪽은 평화로운 땅이다. 그러나 배가 없으니 어떻게 갈까? 갈대나 나무로 뗏목을 엮어 건너가야겠군' 하고 뗏목을 만들어 무사히 바다를 건너갔다. 그는 다시 생각하였다. '이 뗏목이 아니었다면 바다를 건너올 수 없었을 것이다. 이 뗏목은 내게 큰 은혜가 있으니 메고 가야겠다.'
너희들은 어떻게 생각하느냐. 그가 그렇게 함으로써 그 뗏목에 대해 자기 할 일을 다했다고 생각하느냐?"
비구들은 하나같이 그렇지 않다고 대답했다. 부처님은 다시 말씀하셨다.

"그러면 그가 어떻게 해야 자기 할 일을 다하게 되겠는가. 그는 바다를 건너고 나서 이렇게 생각해야 할 것이다. '이 뗏목으로 인해 나는 바다를 무사히 건너왔다. 다른 사람들도 이 뗏목을 이용할 수 있도록 물에 띄워 놓고 이제 나는 내 갈 길을 가야지.' 이와 같이 하는 것이 그 뗏목에 대해서 할 일을 다하게 되는 것이다.

나는 이 뗏목의 비유로써, 교법敎法을 배워 그 뜻을 안 뒤에는 버려야 할 것이지 결코 거기에 집착할 것이 아니라는 것을 말하였다. 너희들은 이 뗏목처럼 내가 말한 교법까지도 버리지 않으면 안 된다. 하물며 법 아닌 것이야 말할 것 있겠느냐."

완전무결하게 집착을 놓을 줄 아는 것이 지혜입니다. 매사 집착하지 않으면 더 맑고 정다운 삶을 살아갈 수 있습니다. 제게 상담해 오는 불자님들 중 특히 자식에 대한 집착을 놓지 못해 괴로워하는 분들이 아주 많습니다.

요즘 팔레스타인에서 벌어지는 일을 보면서 여러모로 안타까운 점은 있지만, 이런저런 점을 다 떠나서 유태인의 자녀교육은 매우 강하고 객관적이고 합리적인 면에서 세계적으로 유명합니다. 한국 어머니들의 자녀교육에 대해선 구태여 말하지 않아도 잘 알 것입니다. 운문사 사리암을 찾는 분들만 보아도 어머니들의 지극정성이 어느 정도인지 가히 짐작이 갑니다.

어느 날 지인이 풀어놓고 간 이야기인데, 자녀를 미국으로 유학을 보낸 유대인 어머니와 한국의 어머니가 시험을 보고 난 자녀들과 통화를 하게 되었답니다. 유대인 어머니는 자녀에게 "어떤 문제가 출제되었니?"라고 한 반면 한국의 어머니는 "몇 점 받았니?"라고 물었답니다. 그 한마디에 교육관이 담겨 있다 할 수도 있으니 깊이 생각해 볼 문제입니다.

물론 인생에서 결정된, '이것이 정답이다'라는 것은 없습니다. 정답이 없다는 것이 정답입니다. 그러나 명쾌하게 풀어가는 명답名答은 있습니다. 우리가 승만경을 읽는 것도 명답을 찾아 괴로움에서 벗어나 지혜롭게 살고자 함입니다. 특히 이러한 비뚤어진 교육관 때문에 요즘에는 부모자식, 고부갈등에서 더 나아가 장모와 사위의 갈등도 아주 큰 것 같습니다.

자식의 주위를 뱅뱅 도는 헬리콥터 맘의 심정을 이해할 수 없는 것은 아니지만, 자식을 진정으로 사랑한다면 집착을 놓아야 합니다. 어릴 때 온 정성 다해 키워서 성장시켜 주었으면 그뿐… 뗏목을 강가에 놓아두듯 놔두고 멀찍이 지켜보는 지혜가 필요합니다.

이래저래 각박한 세상 탓을 하는 분들이 많은 듯한데, 마음먹기에 따라 꼭 그런 것만은 아니라는 생각을 하게 됩니다. 긍정적인 생각을 자주 할수록 똑같은 인생이라도 행복 지수를 높이며 살 수 있다는 것, 이 책을 통해 새겨주시면 참 좋겠습니다.

네 가지
지혜

"세존이시여, 청정한 지혜라는 것은 모든 아라한 · 벽지불의 지혜바라밀입니다. 그런데 이렇게 청정한 지혜는 비록 청정한 지혜라고는 하지만, 저 괴로움의 소멸이라는 진리에 있어서도 적용하지 못하거늘 하물며 네 가지 의지의 지혜[四依智]에 작용하겠습니까."

원각경, 열반경, 승만경, 능엄경 모두 다 대승경전입니다. 하지만, 이 네 가지 지혜의 원래 출처는 열반경입니다.

부처님께서는 첫째, 의법불의인依法不依人, 법을 의지하고 사람을 의지하지 않는 지혜를 가지라고 하셨습니다. 절에 갈 때 부처님 법을 의지하러 왔는지, 사람을 의지하러 왔는지 살펴보셔야 합니다. 초심자 중에 겨우 첫마음[初發心]을 내서 절에 나갔다가 자신의 눈에 거슬리는 모습을 보게 되면 신심이 떨어져서 절에 가지 않는다는 분들이 많습니다. 법을 의지하면 사람에게 실망해서 최소한 법을 멀리하는 일은 없겠지요. 신심과 원력으로 불교 공부를 하고, 법에 의지해서 절에 다녀야 합니다. 설혹 실망스런 모습을 보면, 수행자들도 불자들도 사람인지라 인간 세상에 허다하게 있을 수 있는 일이라고 이해하고 오로지 부처님 법을 의지해서 다니시길 빕니다.

둘째, 의지불의식依智不依識, 지혜를 의지해야지 지식을 의지하지 않는 지혜를 가지라고 하셨습니다. 지혜는 모든 지식을 다 끌어안고도 그것을 초월하는 것입니다. 사바세계의 모든 괴로움을 뛰어넘는다 하여 지혜바라밀이라고 표현하기도 합니다.

셋째, 의의불의어依義不依語, 뜻을 의지하고 말을 의지하지 않는 지혜를 가지라고 하셨습니다. 우리 운문사 행자行者님들이나 학인 學人스님들은 저를 어른스님이라고 부릅니다. 그 말을 들을 때마다 어른에 대한 생각을 깊이 하게 됩니다.

무엇이 어른입니까? 그렇습니다. 지혜로운 분이 어른입니다. 모든 지혜로운 분이 어른이라면, 이 나라를 이끌어가는 최고의 어른이 지혜롭다면, 이 나라 중심이 되는 어떤 부분이 전부 어른이라면, 우리나라 국민은 매우 행복할 것입니다. 집안이나 크고 작은 단체의 리더가 어른스러우면 그 단체에 소속된 사람은 행복할 것입니다. 마치 어린애 같은 철없는 어른이 그 단체의 리더라면 어떻게 되겠는지를 생각해 보십시오.

"고추 당초 맵다 한들 시집살이보다 더 매우랴" 하는 옛 속담도 있듯이 옛날 어른스님들은 시집살이를 굉장히 혹독하게 시켰습니다. 요즘은 행자님들이 너무 귀한 존재라서 그런 시집살이를 시키지 않습니다. 20대에 출가한 행자님들은 부처님보다 더 떠받들어 줍니다. 실제로 귀한 존재로 받들어서 잘 키워야 합니다. 빠른 속도로 변화하는 세상에 어른스님은 대접받고 행자는 무조건 따라야 한다는 것은 시대의 흐름을 거스르는 것입니다.

옛날 어른스님들은 행자를 햇중이라고 했습니다. 행자가 잘 못하면 서릿발 같은 음성으로 "네가 아니면 불교 맥이 끊어질까 그러냐, 그 따위로 하려면 당장 나가라"고 하면서 내쫓았다고 합니다. 그런데 여기에서 '나가라'라고 하는 말은 사실 '살라'고 하는 말입니다. 말로만 듣지 않고 그 속뜻을 알았기 때문에 아무도 나가지 않고 살았기 때문에 지금까지 주지삼보住持三寶의 승보僧寶가 이어져 내려오고 있는 것입니다. 어떤 스님은 나가라는 말을 들으면 절 근처에서 온종일 신나게 놀다가 들어가 아무렇지도 않은 듯 평상으로 되돌아왔다고 합니다.

우리가 쉽게 하는 말도 농담이든 도道에 관계되는 말이든 말 자체에 의지하지 않고 뜻에 의지하였으면 합니다. 정말 진정한 진리는 이심전심以心傳心에 있기 때문입니다. 하지만 급변하는 세상사, 바쁜 일상 속에서 다른 사람의 마음까지, 뜻까지 알아차릴 여유가 없는 요즘 세상에는 일단 부드럽고 다정하게 배려하는 말을 하는 것이 좋습니다.

넷째 의요의경불의불요의경依了義經不依不了義經, 요의경을 의지하고 불요의경을 의지하지 말라고 했습니다. 료了는 '종료, 끝났다, 할 말을 다해서 더 할 말이 없다, 모든 진리는 다 말했다'는 뜻으로 보통 대승경전을 요의경了義經이라고 합니다. 불요의경不了義經이란, 사람마다 또한 같은 사람도 때에 따라 다르기 마련인지라 근기에 맞추어 설법할 여지가 남아 있는 것을 불요의경이라고 하며 보통 소승경전小乘經典을 말합니다. 부처님께서는 요의경을 의지하며 불요의경을 의지하지 않는다고 하셨습니다.

위와 같은 것이 네 가지 지혜입니다.

좋아하고 즐길 때 더 크게 성취한다

올바른 견해는 상락아정常樂我淨이요, 올바르지 않은 두 가지 견해는 상견常見과 단견斷見입니다. 있다는 것이나 없다는 것이나 둘 다 치우친 견해입니다. 승만경에서는 상락아정常樂我淨을 바라밀이라고 말했지만, 그 외에도 육바라밀 · 십바라밀 등 여러 바라밀이 있습니다.

현대적으로 여유 바라밀 · 유머 바라밀도 만들 수 있습니다. 각박한 삶에서 진지하기만한 것은 답답할 수도 있습니다. 재미있는 이야기도 하고 추억도 쌓으면서 살아갈 필요가 있습니다. 이 책의 제목인 『승만경을 읽는 즐거움』에서도 느낄 수 있듯 즐겁게 재미있게 공부할 때 훨씬 더 감동 받고 마음의 근육이 단단해집니다. 지금 이 책을 읽는 것만으로 완벽한 백점입니다. 무엇을 백점이라고 하고 무엇을 빵점이라고 하겠습니까? 그럼에도 불구하고 우리 자신이 스스로 정해 놓은 기준 때문에 괴로워하는 것입니다.

한편 상락아정의 열반사덕과 더불어서 화경청적和敬淸寂, 화합하고, 공경하고, 맑고, 고요한 차의 네 가지 덕을 듭니다. 법신열반의 네 가지 덕德 못지않게 멋진 차茶의 네 가지 덕도 생활 속에 실천하면 아주 좋을 듯해서 말씀드립니다.

우리는 흔히 '차나 한잔 합시다'라는 말을 합니다. 그중에 곡차穀茶도 굳이 차茶라 하면 차가 될 수 있습니다. 조선시대 소석가小釋迦요, 대도인으로 유명했던 진묵 대사는 절대로 곡주穀酒를 드시라고 하면 드시지 않고 곡차라고 하면 한 동이씩 드셨다는 일화가 있습니다.

제가 보기에 차는 화합하는 데 아주 필요한 것입니다. 우리가 서로의 관계에서 약간 서먹하거나 어색한 경우에도 차나 곡차를 한 잔 하면서 화합하는 덕을 가지고 있습니다. 누구에게든 차를 대접할 때에는 법도法度에 맞추어 상대방을 공경하는 마음으로 대접해야 합니다.

차의 네 가지 덕 가운데 세 번째인 청淸은 글자 그대로 맑은 분위기를 일컫는 것이지요. 그런데 여럿이 떠들면서 차를 마시는 것은 그저 손님 대접에 불과한 것입니다. 그런데 적寂, 혼자서 고요하게 맑은 분위기에서 마시는 차 맛은 정말 형용할 수 없을 정도로 좋습니다. 고요하게 차를 마시면서도 '이 뭐꼬?' 자신의 화두를 놓치지 않고 챙길 수 있으면 더 좋습니다. 그래서 여래진실성如來眞實性을 드러내는 시간이라고도 합니다. 실로 차를 마시는 시간은 바른 생각을 하는 시간이라 할 수 있습니다. 다선일여, 차와 선이 같다는 말이 이러한 경지에서 나오는 것입니다.

한편 법을 아끼면 안 됩니다. 여기서 아낀다는 것은 혼자만 알고 남에게 전파하지 않는다는 것입니다. 법을 자기만 알고 남에게 전하지 않는 것은 법을 간탐하는 것이며 그에 따라 어리석은 과보果報를 받기 마련입니다. 열심히 공부해서 가족과 이웃에게 하나라도 반드시 전해야 합니다.

부처님 십대제자十大弟子 중에서 아난존자가 왜 그렇게 총명한가 하면, 과거 전생부터 계속 부처님의 법을 하나라도 더 일러주고 공부하려는 사람에게 장학 사업을 많이 하여 총명한 것입니다. 부처님 당시 아난존자처럼 기억력이 좋은 분이 계시지 않았다면 우리가 지금 이렇게 부처님 경전을 공부할 수 없었을 것입니다. 부처님께서 하신 말씀들을 전부 아난존자가 기억한 것을 구술하여 경전으로 결집되어 지금 우리에게 내려온 것입니다.

저도 20대에는 부처님 제자 중에 아난존자를 가장 좋아했습니다. 부처님의 직계 4촌 동생이다 보니 부처님과 닮은 32상 80종호를 갖춘 요즘 말로 잘생긴 꽃미남이었습니다. 비록 아난존자가 인간적인 실수는 조금 있었다 해도 부처님의 여러 제자 중에서 저는 아난존자를 닮고 싶었습니다.

차츰 시간이 흐르면서 부처님께서는 많은 제자를 두게 되었지요. 저 역시 아난존자 외에도 다른 제자를 또 좋아하게 되었습니다. 독자 여러분께서도 잘 아시리라 생각되는데, 주리반특가를 좋아하게 되었습니다. 지금도 굉장히 존경하고 좋아합니다. 불자님들도 공부하고 수행하실 때 부처님 제자를 좋아하고 생각하면서 공부하면 능률도 월등하게 오릅니다. 학생들이 좋아하는 선생님께 배우면 성적이 향상되는 것과 마찬가지 이치입니다.

제13장

자성의 청정

自性清淨章

생사의 뿌리,
여래장

"세존이시여, 생사生死라고 하는 것은 여래장에 의지하는 것입니다. 여래장이기 때문에 언제 시작되었는지 알지 못하는 것〔本際〕입니다. 세존이시여, 여래장이 있기 때문에 생사를 설하는 것은 잘 설하는 것이라 이름합니다. 세존이시여, 생사라고 하는 것은 모든 감각 기관이 사라지고 이어서 일어나지 않았던 감각 기관이 일어나는 것을 생사라고 이름합니다.

세존이시여, 죽음과 태어남의 이 두 법은 여래장입니다. 세간의 언어로 설하기에 죽음이 있고 태어남이 있는 것입니다. 죽음은 감각 기관이 부서지는 것이며, 태어남은 새로 감각 기관이 일어나는 것입니다.

여래장은 태어남이 있으며 죽음이 있는 것은 아닙니다. 여래장은 함이 있는 현실을 떠나 있습니다. 여래장은 상주하여 변하지 않습니다. 그러므로 여래장은 의지하는 바가 되며, 지니는 바가 되며, 건립하는 바가 됩니다. 세존이시여, 생각으로 헤아릴 수 없는 불법에 떠남도 없으며 끊어짐도 없고, 벗어남도 없고 다름도 없습니다. 세존이시여, 끊어지고, 벗어나며, 달라지고, 외화外化되는 함이 있는 법이 의지하고 건립하는 것은 여래장입니다.

세존이시여, 만약 여래장이 없다면 괴로움을 싫어하고 즐거이 열반을 구할 수 없을 것입니다. 왜냐하면 이러한 여섯 가지 의식[六識]과 의식 작용 그 자체로서의 마음[心法] -일곱 가지- 은 찰나적인 존재여서 머무르지 않으며, 갖가지 괴로움을 심지 못하며, 괴로움을 싫어하고, 즐거이 열반을 구할 수 없을 것이기 때문입니다. 세존이시여, 여래장은 아我도 아니며, 중생도 아니며, 생명도 아니며, 다른 사람도 아닙니다. 여래장은 몸이 있다고 보는 견해에 떨어진 중생, 전도된 중생, 공으로 말미암아 혼돈에 빠진 중생들이 이해할 수 있는 것이 아닙니다."

제13장은 승만경의 핵심 사상이자 대승불교의 중심 사상인 여래장 사상에 대해 승만 부인이 역설하는 것과 아울러 여래장, 곧 마음이 본래 청정, 자성 청정임을 확인시켜 주는 장입니다. 따라서 승만경 중에서 허리와도 같고 정수리와도 같은 가장 중요한 부분이라 할 수 있습니다. 제가 이 책에서 처음부터 지금까지 한결같은 마음으로 강조하는 것이 바로 자성 청정自性淸淨입니다.

저의 승만경 강의를 듣고 제 도반스님이 정말 즐겁고 쉽게 강의한다는 평을 해 주었습니다. 저는 무슨 일이든 이왕에 하는 것이라면 즐겁게 하자고 마음을 조절합니다. 어려운 것도 잘하지는 못하지만 뒤로 물러서지 않고 쉽게 다가서서 일단 부딪칩니다. 쉽게 생각하고 하면 어떻게든 해결이 됩니다. 처음부터 어렵다고 생각하고 주춤거리는 것보다는 훨씬 더 좋은 결과를 이루었던 것 같습니다.

사람들이 대부분 불교가 어렵다고 하는데, 결코 그렇지 않습니다. 불교가 어려웠다면 3,000여 년이 지난 지금까지 진리가 이어지지 않았을 것입니다. 부처님은 아주 상식적이고 평범한 어른이셨습니다. 논둑에서도 밭고랑에서도 만날 수 있는 분이셨고, 밭을 갈고 씨를 뿌리는 멋있는 어른이셨습니다. 만일 어렵고 까다롭고 대단히 엄격했다면 저 역시 평생 이렇게 부처님 제자로 수행하지 못했고, 아니 아예 하지 않았을 것입니다.

불교는 어렵지도 않고 어려운 말로 표현되는 것도 아닙니다. 자연을 보면서 고개가 저절로 끄덕여지듯 불교 교리는 자연의 법칙과 같아서 일반인들도 이해하기 쉬운 아주 합리적이고 과학적인 종교입니다.

그런데 여래장 사상의 정점을 담고 있는 13장에서 '죽음과 태어남의 두 법이 여래장'임을 확실하게 밝히고 있습니다.

"세존이시여, 생사生死라고 하는 것은 여래장에 의지하는 것입니다. 여래장이기 때문에 언제 시작되었는지 알지 못하는 것[本際]

입니다"라는 대목처럼 생사가 그대로 여래장입니다. 무시무종無始無終, 시작도 끝도 없는 것이 여래如來입니다. 한편 "세존이시여, 여래장如來藏이 있기 때문에 생사를 설하는 것을 잘 설하는 것이라 이름합니다"라고 하여 생사를 설하는 것이 자성이 청정한 자리이며, 여래장과 자성 청정이 둘이 아닌 이치임을 밝히고 있습니다. 이것은 매우 올바른 견해입니다.

　다시 말해서 죽음과 태어남이 괴로움의 원인이요, 이 괴로움에서 벗어나기 위해 열반을 구하는 것은 여래장이 있기 때문이라고 보는 것입니다. 인간이 비록 번뇌에 덮여 있어 나고 죽음에 괴로워하나 자성 청정, 본래 청정한 여래장이 있는 무한 능력의 존재임을 거듭 강조하는 것입니다. 승만경은 한마디로 초긍정마인드, 내면의 힘을 강조함으로써 내면 깊숙이 잠재되어 있는 여래장을 드러내게 해 주는, 그래서 모두가 여래, 곧 부처가 되어 살 수 있는 길을 거듭 강조하고 제시해 주는 경전입니다.

여래장과 번뇌

"세존이시여, 여래장은 곧 법계장法界藏, 법신장法身藏, 출세간
상상장出世間上上藏, 자성청정장自性清淨藏입니다. 이 성품은 청
정한 여래장인데 객진 번뇌客塵煩惱와 부수적 번뇌의 오염되는
바로서, 생각으로 헤아릴 수 없는 여래의 경계입니다. 왜냐하
면 찰나의 착한 마음은 번뇌에 물들지 않고 찰나의 착하지 않
은 마음 역시 번뇌에 물들지 않기 때문입니다. 번뇌도 마음에
접촉하지 않고 마음도 번뇌에 접촉하지 않으니, 사물(法)에 접
촉하지 않는데 어떻게 마음을 물들일 수 있겠습니까?

세존이시여, 그러나 번뇌가 있으며 번뇌에 물드는 마음도 있습
니다. 본래부터 청정한 마음(自性清淨心)이면서 물드는 것이 있
음은 가히 잘 알기 어렵습니다. 오직 부처님 세존만이 진실한
눈, 진실한 지혜로써 법의 근본이 되고, 법을 통달함이 되고,

정법의 의지처가 되어서 올바르게 아는 것입니다."

승만 부인이 이와 같은 이해하기 어려운 가르침을 설하면서 부처님께 여쭈었을 때, 부처님께서는 곧바로 수희隨喜하셨다.

"그렇다, 그렇다! 자성이 청정한 마음이면서 물듦이 있다는 것은 가히 완전히 알기에는 어려운 것이다. 이 두 가지는 알기 어렵다. 자성이 청정한 마음이라는 것을 완전히 알기 어렵고, 그렇게 청정한 마음이 번뇌에 물든다고 하는 것도 완전히 알기 어렵다.

이러한 두 가지는 그대와 위대한 가르침을 성취한 보살마하살이 이에 능히 듣고 받아들일 수 있는 것이지, 다른 성문들은 오직 부처님 말씀을 믿기만 할 뿐이다."

손님 같은 번뇌에 휘둘릴 것인가?
삶의 주인공이 될 것인가?

우리 자성은 본래 청정한 여래장인데 번뇌 투성이라는 것 또한 인정하지 않을 수 없습니다. 지수화풍地水火風 사대四大로 돌아가는 거짓 몸뚱이, 텅 빈 몸뚱이라 할지라도 이 몸이 자성 청정을 지니고 있기에 법신法身이기도 합니다. 중생이 곧 부처요, 고로 나는 부처요, 그것이 다른 말로 자성 청정自性淸淨인 것입니다.

원각경에도 말씀하시길, "환화공신즉법신幻化空身卽法身 무명실성즉불성無明實性卽佛性"이라 했습니다. 허깨비 같고 허망하고 보잘

것없는 것 같은 이 몸이 곧 법신法身이요, 무명으로 얼룩진 번뇌투성이 그대로가 불성佛性이라 했습니다.

여래장이 곧 번뇌이며 여래장 속에 번뇌가 있습니다. 앞에서도 말씀드렸듯이 일체 모든 번뇌가 공한 것은 공여래장空如來藏이요, 여래가 될 수 있는 공덕功德이 갠지스 강의 모래알처럼 꽉 차 있는 것이 불공여래장不空如來藏입니다. 그러나 그 속에는 번뇌와 여래가 둘이 아닌 상태로 깃들어 있습니다.

그런데 부처님께서 말씀하시길, "완전히 알기는 어려운 것이다. 이 두 가지는 완전히 알기 어렵다"라고 하여 깨달음의 경지에 이른 보살마하살이나 알 수 있는 것이라고 합니다. 어찌 이러한 경지를 보통사람들이 알아차릴 수 있겠습니까?

이 두 가지는 첫째, 여래 곧 번뇌라고 하는 자성이 청정한 것과 자성 청정한 자리가 완전무결하게 있는 것입니다. 둘째, 자성 청정을 함장하고 있지만, 늘 따라다니며 중생 노릇을 하면서 탐진치貪瞋癡도 일으키고 헛말도 하게 되고 쓸데없는 생각과 말도 하게 되는 번뇌 즉 객진번뇌客塵煩惱입니다. 객진번뇌는 말 그대로 본래부터 마음에 있던 것이 아니라 어떤 상황과 부딪쳤을 때 밖으로부터 들어온 번뇌를 말합니다. 번뇌는 늘 손님이고 주인은 여래如來라 하여 객진번뇌라 하는 것입니다. 한마디로 자성 청정한 자리는 여래인데, 그 자리를 물들이는 것이 번뇌라는 것입니다.

그럼 여러분은 어떤 것을 선택하십니까? 번뇌에 휘둘려서 괴로워하시겠습니까? 손님인 번뇌가 시키는 대로 손님처럼 살아가시겠습니까? 아니면 멋있는 삶의 주인으로 살아가시겠습니까?

손님이 아닌 삶의 주인으로 살아가는 것이 결코 어려운 일이 아닙니다. 일상생활 속에서 '고맙습니다. 수고하셨습니다. 참 고맙습니다. 덕분입니다.' 이렇게 고마움을 표현할 줄 알면 주인으로 살아가는 것입니다.

만일 누군가에게 꽃을 선물 받으면 '꽃이 참 아름답다, 고맙다'고 느끼지 않고 '차라리 돈을 주지, 곧 쓰레기가 되어버릴 텐데, 치우기도 귀찮은데'라고 하면서 미리 불평하는 사람은 자기 삶의 주인 노릇을 포기하는 것입니다. 그 꽃 자체를 아름답다고 느끼고 즐기다가 꽃이 말라서 쓰레기가 되면 깨끗이 버리는 것, 잘 갖고 잘 버릴 줄 아는 사람이 진짜 주인입니다.

모든 사람에게 똑같이 주어진 시간을 쓰는 것도 마찬가지입니다. 승만경을 읽으면서 공부하는 이 시간에 활짝 열린 마음으로 경전에 몰입하여 열심히 공부하고 마치면 자신의 일상으로 돌아가는 것, 순간순간 매사에 충실할 수 있다면 최고의 주인이 될 수 있습니다.

제14장

참된 자녀

眞子章

참된 자녀, 참된 제자란 무엇인가

"만약 나의 제자로서, 믿음에 따라서 증상增上하는 자는 밝은 믿음에 의지한 뒤에 진리의 지혜에 수순隨順하여 구경을 얻는다. 진리의 지혜에 수순한다는 것은 시설施設된 감각 기관과 뜻의 활동 영역을 관찰하며, 업의 과보를 관찰하며, 아라한의 번뇌(隨眠)를 관찰하며, 마음의 자재로운 즐거움과 선정으로 얻는 즐거움을 관찰하며, 아라한·벽지불·대력보살의 성스럽고 자재로운 신통을 관찰하는 것이다.

이러한 다섯 가지 선교 방편의 관찰을 성취하고, 내가 입멸入滅한 뒤 미래세 중에서라도 나의 제자가 믿음에 따라서 증상하는 데 밝은 믿음과 진리의 지혜를 의지한다면, 자성의 청정한 마음이 번뇌의 오염을 입을지라도 구경을 얻을 것이다.

구경이라는 것은, 대승의 길에 들어가는 원인이다. 여래를 믿

는 자는 이러한 큰 이익이 있으므로 깊은 뜻을 비방하지 않을
것이다.”

이때 승만 부인이 부처님께 말씀드렸다.

“다시 그 밖에도 큰 이익이 있사오니, 저는 마땅히 부처님의 위
신력을 이어서 이 뜻을 설하겠습니다.”

부처님께서 말씀하셨다.

“다시 설하도록 하라.”

승만 부인이 부처님께 말씀드렸다.

“세 부류의 선남자·선여인은 매우 깊고 깊은 뜻을 스스로 훼
손하거나 상하게 하지 않고 큰 공덕을 낳아서 대승의 길에 들
어갑니다. 어떤 것이 세 부류인가 하면, 이른바 어떤 선남자·
선여인은 스스로 깊고 깊은 진리의 지혜를 성취합니다.

어떤 선남자·선여인은 진리의 지혜를 수순함을 성취합니다.

어떤 선남자·선여인은 모든 깊고 깊은 법을 스스로 완전히 알
지 못하고 부처님을 우러르면서 ‘이는 나의 경계가 아니다. 오
직 부처님만이 알 수 있는 바’라고 합니다.

이들을 선남자·선여인이라 이름하는 것은 오직 부처님만을
우러르기 때문입니다. 이러한 선남자·선여인을 제외하고.”

| 진리를 따라
| 새롭게 태어나는 방법

14 진자장眞子章은 글자 그대로 참된 아들이라고 번역하였지만, 아들과 딸을 함께 뜻하는 즉 '참된 자녀'라는 표현이 더 적절하다고 봅니다. 더 나아가 이 말의 본뜻은 참된 제자라는 말입니다. 다시 말해서 지극한 보리심을 발하고 새롭게 태어난 법을 중심으로 한 제자를 표현하는 것입니다.

성경에는 '아버지시여'라고 하는 표현이 자주 나오는데 불교 경전에서는 아무리 관심을 가지고 찾아보아도 아버지 · 아들이라는 표현은 거의 나오지 않습니다. 『법화경』 「비유품」 궁자의 비유에서 장자와 아들이라는 말을 겨우 찾을 수 있는 정도인데, 승만경에서는 14장의 제목으로 나오는 것으로 볼 때 곰곰이 사유할 만한 대목입니다.

14장은 '진자장眞子章'이라는 제목처럼 참된 아들 · 참된 제자란 무엇인가에 대해 일깨워 주는 내용이 담겨 있습니다. 참된 제자는 '밝은 믿음에 의지한 뒤에 진리의 지혜에 수순하여' 궁극적인 깨달음을 이룬다고 하였습니다.

이어서 "진리의 지혜에 수순한다는 것은 시설施設된 감각 기관과 뜻의 활동 영역을 관찰하며, 업의 과보를 관찰하며, 아라한의 번뇌[隨眠]를 관찰하며, 마음의 자재로운 즐거움과 선정으로 얻는 즐거움을 관찰하며…"라고 하여 진리의 지혜를 따르는 방법에 대해 아주 구체적으로 설해 주셨습니다.

이것을 승만경의 오지〔1. 십팔계관, 2. 업보관, 3. 아라한의 수면관, 4. 선정 낙관, 5. 신변관〕라고도 합니다.

1. 십팔계관은 육경〔색·성·향·미·촉·법〕, 육근〔안·이·비·설·신· 의〕, 육식〔안식·이식·비식·설식·신식·의식〕을 합한 십팔계가 서로 의 지하여 인연에 의해서 성립되기 때문에 거기에는 자성이 없다는 것을 관찰하는 것입니다.

2. 업보관은 좋은 업을 지으면 좋은 과보를 받고, 나쁜 업을 지 으면 나쁜 과보를 받는다는 것을 관찰하는 것입니다.

3. 아라한의 수면관은 아라한이 어두운 근본 번뇌의 잠에서 깨 어나지 않았음을 관찰하는 것입니다.

4. 선정낙관은 선정禪定에 들면 완전한 즐거움을 누릴 수 있다 는 것을 관찰하는 것입니다.

5. 신변관은 아라한과 벽지불·대력보살 등의 자재로운 신통력 을 관찰하는 것입니다.

이러한 다섯 가지 방편의 관찰을 이루고 나서 밝은 믿음에 의지 한 뒤에 진리의 지혜를 따르면 궁극의 깨달음을 얻는다는 말입니 다. 한마디로 밝은 믿음이 있어야 진리에 대한 지혜가 열리고 자 성 청정한 마음이 번뇌로 오염되었을지라도 깨달음을 성취할 수 있다는 말씀입니다.

여래를 믿는 자는 이렇듯 큰 이익이 있는 것입니다. 여래를 믿 는다는 것은 곧 부처님께서 말씀하신 여래장 사상에 대한 믿음을 뜻합니다. 앞에서도 거듭 말씀드렸지만 우리 모두가 부처님과 똑같은 성품을 지니고 있다는 것을 믿는다는 것입니다.

> 믿음은 도의 근본이고 공덕의 어머니라
> 모든 선한 법을 길러내며
> 의심의 그물을 끊고 애정 벗어나
> 열반의 위없는 도 열어 보이도다.
>
> 믿음은 썩지 않는 공덕의 종자
> 믿음은 보리수를 생장케 하며
> 믿음은 수승한 지혜 증장케 하고
> 믿음은 온갖 부처 시현한다.
> ─『화엄경』「현수품」

위의 화엄경 말씀에서도 알 수 있듯이 믿음은 수행의 출발점이자 궁극의 경지이기도 합니다. 스스로 여래의 씨앗이라고 믿으면 수행력이 배가되어 온갖 의심의 그물을 끊고 열반의 경지에 이를 수 있기 때문입니다. 그리하여 믿음이 자기 안에 본래 깃들어 있는 보리수를 기르고 수승한 지혜를 증장시키고 온갖 부처를 드러내는 것입니다.

믿음은 도의 근본이고
공덕의 어머니

불교에서 말하는 믿음은 여타 종교에서 말하는 믿음과는 성격이 조금 다릅니다. 다른 종교에서는 인격화된 절대자나 예언자를 믿고, '오직 나를 믿고 따르라'는 그분들을 무조건 따르라는 믿음을 강조합니다. 그래서 자칫하면 맹목적으로 흐르기 십상입니다. 자기 자신은 제쳐놓고 밖을 향해서 그야말로 정신없이 절대자를 믿고 따르기 때문입니다.

'믿음은 도의 근본이고 공덕의 어머니'라는 화엄경의 구절에서도 엿볼 수 있듯 불교에서의 믿음은 자기에게 본래 깃들어 있는 부처의 성품에 대한 믿음을 뜻합니다. 부처님께서는 모든 중생들에게 불성佛性을 믿고 수행해서 확실히 증득하라고 역설하셨습니다. 실제로 여래의 씨앗임을 가장 확실하게 믿는 분이 바로 깨달음을 성취한 부처님이기도 합니다. 대부분의 사람들은 번뇌에 오염된 자기밖에 모르기 때문에 자기 자신에 대한 믿음이 부족하고 그에 따라 지혜도 부족해서 자기가 얼마나 소중한 존재인지를 모릅니다. 그야말로 밝은 지혜를 얻기 위해서도 밝은 믿음이 선행되어야 합니다.

여래장 사상에 대한 믿음의 중요성은 인류의 지혜가 밝아지고 과학이 발달할수록 명명백백하게 드러나고 있습니다. 밀가루로 만든 덩어리를 배탈약으로 알고 먹으면 배앓이가 낫고, 두통약으로 알고 먹으면 두통이 사라지는 플라시보 효과도 과학적으로 증명된 것입니다. 하물며 자기 자신에게 세상에서 가장 훌륭한 여래의 씨앗이 깃들어 있음을 믿고 수행하는 사람과 그렇지 않은 사람의 수행의 결과가 어떻겠습니까? 불가사의할 정도로 큰 차이가 날 것입니다.

저는 경전을 읽으면서 경전 편찬자들이 대단히 뛰어난 편집자라는 생각을 합니다. 중요한 내용을 아주 적절한 위치에서 절묘하게 강조하고 있기 때문입니다. 승만경의 마지막 장인 14장 바로 전에 진자장이 편집되어 있는 것을 보면서도 그런 생각을 했습니다. 정말 중요한 내용을 마무리 부분에 한 번 더 역설하고 있는 듯한 느낌이 들었기 때문입니다.

부처님의 진정한 제자가 되어 대승의 길에 들어가기 위해서는 믿음이 중요합니다. 부처님에 대한 맹목적인 믿음이 아닙니다. 모든 중생이 귀하디 귀한 여래의 씨앗을 지닌 불성 존재입니다. 이에 대한 확실한 믿음을 갖고 살아가면서 일상생활을 수행으로 승화시키십시오. 마침내 믿음이 부처를 드러나게 하듯 순간순간 부처로 새롭게 태어나 살아가시길 빕니다.

승만 부인

勝
鬘
章

승만경을
널리 전하라

"나머지 모든 중생들─매우 깊은 가르침에 집착하여 망령되게 말하며 올바른 가르침을 위배하고 여러 가지 외도外道를 익혀서 부처님의 종자를 썩게 하는 자들은 마땅히 왕의 힘이나 하늘·용·귀신의 힘으로 조복해야 합니다."

그때 승만 부인과 모든 권속들이 부처님의 발에 정수리를 대면서 예배하자, 부처님께서 말씀하셨다.

"좋다, 좋다, 승만이여! 매우 깊은 가르침을 방편으로 수호하며 올바르지 못한 가르침을 항복하고 그 마땅한 바를 잘 얻으니, 그대는 이미 백천억의 부처님을 모셨으므로 이러한 뜻을 능히 설할 수 있는 것이다."

그때 세존께서는 뛰어난 광명을 놓으셔서 널리 대중을 비추시고, 몸이 허공으로 7다라수多羅樹만큼 올라가셔서 발로 허공을 밟고 사위국으로 돌아가셨다.

그때 승만 부인과 모든 권속들이 합장하여 부처님을 향하고 바라보는데 싫어하거나 만족해 함이 없었으며 눈을 잠시도 쉬지 않았으며, 눈에 보이지 않게 되었을 때에 기뻐하여 뛰면서 저마다 여래의 공덕이 갖추어진 것을 찬탄하였다.

부처님을 염하면서 다시 성城으로 돌아와서는 우칭왕友稱王을 향하여 대승을 찬탄하고 성城 중의 일곱 살 이상 여인들을 모두 대승으로 교화하였다. 우칭왕 역시 일곱 살 이상의 모든 남자들을 대승으로 교화하여서, 온 나라의 모든 국민들이 모두 대승으로 향하게 되었다.

그때 세존께서는 기타 태자의 숲으로 들어가셔서 장로 아난에게 일러주었으며, 또한 천제석天帝釋을 염하셨다. 그때에 제석과 모든 권속들이 홀연히 와서 부처님 앞에 머무셨다. 그때 세존께서는 천제석과 장로 아난을 향하여 널리 이 경전을 설하시고 나서 제석에게 말씀하셨다.

"그대는 마땅히 이 경을 받아 지니며 읽고 외워라. 교시카여, 선남자·선여인이 갠지스 강의 모래알보다 더 많은 겁 동안 깨달음의 행을 닦으며 여섯 가지 바라밀을 행하더라도, 만약 다시 선남자·선여인이 이 경전을 받아 지니거나 읽고 외우며 내지 잘 보호한다면 복이 저 공덕보다도 더 많을 것이다. 하물며 널리 다른 사람을 위해서 설하는 것이랴!

그러므로 교시카여, 마땅히 이 경을 읽고 외우며 삼십삼천을 위해서 분별하고 널리 설하라."

다시 아난에게 말씀하셨다.

"그대 역시 받아 지니고 읽고 외워서 사부 대중을 위하여 널리 설하라."

그때 천제석이 부처님께 말씀드렸다.

"세존이시여, 마땅히 이 경을 어떻게 이름하오며, 어떻게 받들어 지니리까?"

부처님께서 제석에게 말씀하셨다.

"이 경은 한량없으며 가이없는 공덕을 성취하리니 모든 성문·연각은 능히 이르지 못할 것이며 관찰하여 알 수 없을 것이다. 교시카여, 마땅히 알아라. 이 경은 매우 깊고 미묘한 큰 공덕의 덩어리이니, 이제 마땅히 그대를 위해서 그 이름을 간략히 설하리라. 잘 들고, 잘 들어서, 잘 생각해 잊지 않도록 하라."

그때 천제석과 장로 아난이 부처님께 말씀드렸다.

"훌륭하십니다, 세존이시여! 오직 가르침을 잘 받아 지니겠습니다."

부처님께서 말씀하셨다.

"이 경은 '여래의 진실하고도 제일의第一義인 공덕을 찬탄하는 것'을 설하는 것이니 이와 같이 수지할지어다. '생각으로 헤아릴 수 없는 큰 서원'을 설하는 것이니 이와 같이 수지할지어다. '모든 원을 거두어들이는 대원大願'을 설하는 것이니 이와 같이 수지할지어다. '생각으로 헤아릴 수 없는 올바른 가르침을 거두어들이는 것'을 설하는 것이니 이와 같이 수지할지어다.

'하나의 길에 들어가는 것'을 설하는 것이니 이와 같이 수지할지어다. '다함없는 성스러운 진리'를 설하는 것이니 이와 같이 수지할지어다. '여래장'을 설하는 것이니 이와 같이 수지할지어다. '법신'을 설하는 것이니 이와 같이 수지할지어다.

'공의 두 가지 진실한 모습'을 설하는 것이니 이와 같이 수지할지어다. '하나의 진리'를 설하는 것이니 이와 같이 수지할지어다.

'상주하며 안온한 하나의 의지처'를 설하는 것이니 이와 같이 수지할지어다. '전도된 견해와 올바른 견해'를 설하는 것이니 이와 같이 수지할지어다. '자성의 청정한 마음의 두 가지 측면'을 설하는 것이니 이와 같이 수지할지어다. '여래의 진실한 아들'을 설하는 것이니 이와 같이 수지할지어다. '승만 부인의 사자후'를 설하는 것이니 이와 같이 수지할지어다.

다시 교시카여, 이 경에서 설하는 바는 모든 의심을 끊고 궁극적인 뜻에 안주하며 하나의 길에 들어가는 것이다.

교시카여, 이렇게 승만 부인이 사자후한 경을 그대에게 부촉하나니, 이 법에 머무르며 받아 지니고 읽고 외우며 널리 분별하여 설하라."

제석이 부처님께 사뢰었다.

"훌륭하십니다, 세존이시여! 높으신 가르침을 받들겠습니다."

그때 천제석·장로 아난 및 여러 모임의 천天·인人·아수라·

건달바 등이 모두 부처님께서 설하신 바를 듣고, 환희하며 힘써 행하였다.

부처님의 종자를
썩게 하지 마라

15장 승만장勝鬘章은 승만경을 끝맺음 하는 장입니다. 글에는 기본적인 형식이 필요한데, 불교 경전 역시 서분(서론) 정종분(본론) 유통분(결론) 삼분三分으로 나뉘어 잘 편집되어 있습니다. 맨 마지막 장인 제15장은 결론 부분인 유통분流通分입니다. 이런 소중한 가르침을 우리 세대만 아는 것이 아니라 다음 세대까지 흘러서 많은 사람들의 삶에 적용되었으면 하는 바람으로 경전을 끝맺음 하는 것입니다. 여래장 사상이 듬뿍 담겨 있는 승만경의 마지막 결론 부분인 유통분의 한 말씀 한 말씀이 감동적입니다.

승만 부인은 "올바른 가르침을 위배하고 여러 가지 외도를 익혀서 부처님의 종자를 썩게 하는 자들은 마땅히 왕의 힘이나 하늘·용·귀신의 힘으로 조복해야 합니다"라고 부처님께 말씀을 드립니다. 승만 부인의 단호한 말씀에서 정법에 대한 의지와 신념이 담겨 있습니다.

저는 특히 '부처님의 종자를 썩게 하는 자들', 이 대목에 눈길이 가고 방점이 찍힙니다. 아무리 좋은 종자가 있어도 잘못 간수하면 썩기 마련입니다. 누가 부처님의 종자를 썩게 하겠습니까? 정법인 대승을 따르지 않고 외도를 익히는 게 문제입니다. 부처님 당시 외도의 가르침은 지금도 여전히 횡행하고 있습니다. 지피지기면 백전백승이라, 외도에 대해 잘 알아야 부처님의 종자를 썩게 하지 않으므로 간략하게나마 짚어 보겠습니다.

그 당시 육사외도라 하여 대표적인 여섯 가지 부류의 외도〔1) 산자야 벨라티풋타(회의론자, 불가지론자), 2)아지타 케사캄발린(유물론자, 쾌락론자), 3)마칼리 고살라(숙명론자), 4)푸라나 캇사파(무도덕론자), 5)파쿠다 캇차야나(감각론자), 6)니간타 나타풋다(자이나교의 개조, 숙작인론자)〕가 있었습니다.

대체로 '원인 없이 만들어졌다, 절대자가 만들었다, 숙명적인 것이다' 등 잘못된 육사외도의 가르침이 오늘날에도 이어지고 있는 것을 보면 참으로 안타깝습니다. 그래서 부처님의 씨앗을 썩히고 아직까지도 중생 놀음을 하고 있는 것입니다.

"그때 승만 부인과 모든 권속이 부처님의 발에 정수리를 대면서 예배하자, 부처님께서 말씀하셨다."

부처님의 발에 정수리를 대는 것은 상대방의 가장 낮은 곳에 나의 가장 높은 부분을 갖다 대는 것입니다. 최고의 공경을 뜻하는 행동이지요. 상대방이 정말 훌륭하다면 '훌륭합니다'라고 말로만 하는 것이 아니라 말하기 전에 행동으로 고개를 수그리게 됩니다. 공경하는 마음이 겸손한 자세로 드러나는 것이지요.

이에 부처님께서 "좋다, 좋다, 승만이여! 매우 깊은 가르침을 방편으로 수호하며 올바르지 못한 가르침을 항복하고 그 마땅한 바를 잘 얻으니, 그대는 이미 백천억의 부처님을 모셨으므로 이러한 뜻을 능히 설할 수 있는 것이다"라고 칭찬해 주셨습니다. 그리고 승만 부인과 승만경의 위상을 결론에서 확실하게 인정하고 증명해 주십니다.

그때 세존께서는 뛰어난 광명을 놓으셔서 널리 대중을 비추시고 사위국으로 돌아가셨습니다. 부처님께서는 법문을 하실 때마다 방광放光을 하십니다. 오늘날에도 경사스러운 일이 있을 때는 폭죽을 터뜨리고 불꽃놀이를 하며 축하하는 것을 생각해 보면 더 이해가 잘 되실 것입니다. 부처님의 방광은 경전에서 잘 나타나는 여섯 가지 진동〔六震動〕의 한 형태로서 그때 부처님의 마음의 표현이라고 생각하면 됩니다. 어느 때는 부처님의 32상 중 백호상白毫相이나 치아 등에서도 광명을 놓으시고 방광을 하기도 하셨습니다.

부처님은 사위국으로 돌아가시고, 부처님의 인가를 받고 모든 사람들은 저마다 스스로 여래의 씨앗임을 확신하면서 성城으로 돌아왔습니다. 여기에서 한 가지 더 주목해야 할 게 있습니다. "부처님을 염하면서 다시 성으로 돌아와서는 우칭왕을 향하여 대승을 찬탄하고 성중의 일곱 살 이상 여인들을 모두 대승으로 교화하였다. 우칭왕 역시 일곱 살 이상의 모든 남자들을 교화하여서, 온 나라의 모든 국민들이 대승으로 향하게 되었다"는 경전 구절입니다.

승만 부인이 나라로 돌아와 가장 먼저 한 일이 자기 남편인 우칭왕에게 법을 전한 것입니다.

가족 교화의 중요성과 아울러 나라를 이끄는 지도자의 가치관이 얼마나 중요한지를 알 수 있는 대목입니다. 또한 승만 부인은 일곱 살 이상 여인들에게, 우칭왕은 일곱 살 이상 남자들을 교화하였다는 것도 시사하는 바가 큽니다.

남녀가 유별하였던 시대상의 분위기도 한몫했겠지만, 여성은 여성이, 남성은 남성이 교화하기 더 쉽다는 것을 은연중 알려주고 있는 것입니다. 법을 전하기 위해서는 일단 이심전심, 마음과 마음이 통해야 합니다. 여성이 여성의 마음을 더 잘 이해하고 더 잘 알 수 있고, 남성이 남성의 마음을 더 잘 이해하고 더 잘 알 수 있기 때문에 법을 전하는 데 애로점이 없습니다.

또한 이론적인 지식을 가르칠 때도 존경심을 가질 수 있는 스승의 힘이 아주 큽니다. 하물며 올바른 법을 전하는 것이야 오죽하겠습니까?

정신적인 감화를 주기 위해서는 절대적인 존경을 받아야 합니다. 게다가 강력한 권위가 있으면 더 크게 감화받을 수 있습니다. 그래서 훌륭한 지도자가 중요한 것입니다. 전 국민이 존경하는 왕과 왕비의 교화로 온 나라가 대승으로 향하게 된 것, 즉 모두가 여래의 씨앗임을 믿고 수행하여 이 땅 그대로 부처들이 부처행을 하면서 살아가는 불국이 된 것입니다.

승만경,
여래를 잉태하다

저는 승만경을 강의하면서 정말 여러 모로 감사했습니다. 무엇보다 승만경이 있다는 사실조차 모르는 불자들이 많은데 이 좋은 경전을 알리는 계기가 된 점이 좋았습니다.

승만경은 일승과 여래장 사상을 담고 있는 대승大乘 3부 경전(여래장경, 부증불감경, 승만경) 가운데 최고봉입니다. 마음은 남자라고 해서 더 많고 여자라고 해서 더 적은 것이 아니라는 사상을 담은 경전이 『부증불감경』입니다. 이러한 내용을 유통하고 있는 것이 여래장이고 승만경인데, 아마도 여래장경이 없었다면 승만경은 성립되지 않았을 것입니다. 승만경은 여래를 잉태하고 있는 경전인데, 잉태하고 있다면 언젠가는 태어나게 되는 것입니다.

한편 재가在家 남성을 주인공으로 하는 대표적인 경전이 유마경維摩經이라면 재가 여성의 대표적인 경전은 승만경勝鬘經입니다. 승만경의 내용은 정말 파격적이고 혁신적입니다. 방포원정方袍圓頂이라는 말을 들어보셨는지요? 방포는 승려가 입는 가사로서 펴면 네모가 된다 하여 붙여진 이름이고, 원정은 머리를 깎은 모습으로서 방포원정은 스님들을 뜻하는 말입니다.

그런데 유마경과 승만경은 출가했거나 부처님을 중심으로 하여 교단을 형성하고 있는 수행자뿐만 아니라, 남녀를 불문하고 세속에서도 수행하면 깨달을 수 있다는 메시지를 전하고 있는 것입니다. 누구나 부처의 씨앗을 가지고 있다는 것, 누구나 성불할 수 있다는 것, 심즉시불心卽是佛, 마음이 곧 부처라는 가르침은 인류에게 주어진 가장 큰 찬사요, 희망의 메시지라 할 수 있습니다. 이러한 가르침은 앞에서도 잠시 언급한 적이 있지만, 세계 종교사에서 그 유례를 찾아볼 수 없습니다.

부처님 당시에도 그랬지만, 지금도 출가하는 젊은 스님들이 적어서 어른스님들이 걱정한 예들이 많습니다. 한 분의 청정한 비구·비구니를 탄생시키는 것이 말처럼 쉽지는 않습니다. 승랍僧臘이 되어야 비구계比丘戒·비구니계比丘尼戒도 받을 수 있습니다. 또한 성인이 되어야만 완전한 비구계를 받기 때문에 날짜가 모자라면 뱃속에 있던 기간까지 계산해서 비구·비구니를 탄생시킬 정도로 노력하고 자비심을 베풀기도 했습니다.

지금까지 읽은 승만경이나 열반경·여래장경·부증불감경 등에서 전하는 '누구나 다 부처'라고 하는 메시지는 말로 표현할 수 없을 정도로 대단한 것입니다. 여래장 사상에 의하면 진진찰찰 처처 청정법신塵塵刹刹 處處 淸淨法身 아님이 없습니다. 길가에 굴러다니는 돌멩이에도 청정법신, 즉 부처님이 깃들어 있다는 사상으로까지 승화됩니다. 참으로 남방불교에서는 접하기 어려운 내용입니다.

"그때 세존께서는 기타 태자의 숲으로 들어가셔서 장로 아난에게 일러 주었으며 또한 천제석을 염하셨다. 그때에 제석과 모든 권속들이 홀연히 와서 부처님 앞에 머무셨다."

부처님께서 법문하실 때에도 처음부터 많은 대중이 모이지는 않았습니다. 승만경의 맨 첫 부분을 되살펴 보면 아시겠지만, 부처님께서 승만 부인의 부모님인 파사익왕과 말리 부인에게 설법을 하시고, 그 인연으로 승만 부인이 다시 등장하여 설법을 듣는 것으로 시작합니다. 그런데 마지막 부분에서는 아난과 제석천왕이 등장하고 있습니다. 우리가 승만경을 공부할 때도 마찬가지로 처음에는 대중이 많지 않았는데, 회향할 때는 이렇게 많은 인원이 모였습니다. 처음은 미미했으나 끝이 좋다는 것은 그동안의 과정이 참 좋다는 것, 승만경의 가르침이 정말 훌륭하다는 것을 상징합니다.

아난존자는 부처님의 1,200명의 제자 중에 부처님 옆에서 부처님을 가장 오래 시봉하면서 부처님의 말씀을 가장 많이 들은 분입니다. 게다가 매우 뛰어난 기억력으로 부처님의 말씀을 기억한 덕분에, 아난존자가 부처님 말씀을 전하고 500명의 아라한들이 그 말씀을 듣고 부처님 말씀과 똑같다고 수긍한 것을 결집하여 오늘날 우리가 불교 경전을 만나게 된 것입니다. 그래서 대부분의 경전은 여시아문, '나는 이와 같이 들었다'라는 말로 시작합니다. 아난존자가 부처님께 들은 말을 전해서 경전을 편찬했기 때문입니다.

경전마다 아난존자가 맨 처음부터 등장하는 경우도 있습니다. 하지만 승만경에서는 처음에는 아난존자가 등장하지 않다가 끝부분에서 장로 아난이라는 표현으로 등장하고 있습니다. 여기에서 교시카는 천제석의 별명으로 인드라·천제석과 같은 뜻입니다.

"선남자·선여인이 갠지스 강의 모래알보다 더 많은 겁 동안 깨달음의 행을 닦으며 여섯 가지 바라밀을 행하더라도, 만약 다시 선남자·선여인이 이 경전을 받아 지니거나 읽고 외우며 내지 잘 보호한다면 복이 저 공덕보다도 더 많을 것이다. 하물며 다른 사람을 위해서 설하는 것이랴."

부처님께서 천제석과 장로 아난을 향하여 널리 이 경전을 설하시고 나서 제석에게 당부한 여기서부터 본격적인 승만경의 결론 부분, 즉 유통분이라 할 수 있습니다.

이러한 내용은 대부분 경전마다 거의 비슷하게 편집되어 있기 때문에 달리 설명하지 않아도 잘 아실 것입니다. 한마디로 깨달음의 행을 닦고 여섯 가지 바라밀을 행하는 것보다 승만경을 읽고 외우고 잘 보호하는 공덕, 다른 사람을 위해 설하는 공덕이 훨씬 더 크고 많다는 것입니다.

| 마음먹기에 따라
| 삶이 달라진다

불교는 행위, 실천을 강조하는 종교입니다. 그런데 왜 승만경에

서는 중요하게 여기는 바라밀행보다 더 승만경을 읽고 외우고 보호하는 공덕이 훨씬 더 크다고 했을까요? 그만큼 승만경에 담긴 가르침이 소중하기 때문입니다. 행동이 생각을 규정짓기도 합니다. 하지만 생각이, 더 정확히 표현하면 가치관이 행동을 지배하고 결정하는 힘이 큽니다. 생각·가치관에 따라 삶의 질이 달라집니다. 삶의 차원이 완전히 달라집니다. 생각·마음을 어떻게 가지느냐에 따라서 삶이 달라진다는 것을 코이라는 잉어의 사례에서도 여실히 드러납니다.

코이는 작은 어항에 넣어 관상용으로 기르면 5~8cm밖에 자라지 않습니다. 그런데 커다란 수족관이나 연못에 넣어두면 15~25cm까지 자랍니다. 더 신기한 것은 강물에 방류하면 90~120cm까지 관상용에 비하면 10배도 더 크게 자란다는 사실입니다. 어항에서 기르면 피라미가 되고, 강물에서 자유롭게 자라면 대어가 되는 정말 신기한 물고기, 이러한 현상을 일러 코이의 법칙이라고 합니다. 코이가 환경의 지배를 받듯 우리들도 환경의 지배를 받으며 살아갈 수밖에 없습니다.

하지만 환경보다 더 크게 좌우하는 것이 마음의 힘입니다. 누구나 본래 여래의 씨앗을 갖추고 있습니다. 하지만 대부분의 사람들은 여래의 씨앗을 갖추고 있는 것조차 모르고 살아갑니다. 또한 불교에 입문하여 알았다 손치더라도 지금까지 갖고 있었던 잘못된 견해, '자기 스스로 별 볼 일 없는 존재요, 부처님과 같은 존재라는 건 당치도 않다'고 여기던 생각의 늪에 빠져서 허우적대다 삶을 마치는 사람들이 많습니다.

코이가 살아가는 물에 따라 크기가 달라지듯이 우리도 생각과 가치관, 만나는 사람들에 따라 삶이 달라집니다. 우리가 매일 경전을 독송하고 절에 가서 부처님을 참배하는 것은 부처님처럼 되고자 함입니다. 부처님처럼 살기 위함입니다. 여러분 중생으로 사시겠습니까? 부처님으로 사시겠습니까?

부처님처럼 사는 것, 너무 힘들어서 못하겠다고 지레 포기하지 마시고, 하루에 10분씩, 20분씩 부처님으로 살아가는 연습을 하다 보면 어느 순간 부처님의 완전 닮은꼴이 되어 있지 않을까 싶습니다.

부처님께서는 천제석과 장로 아난에게 '여래의 진실하고도 제일의第一義인 공덕을 찬탄하는 것' '생각으로 헤아릴 수 없는 큰 서원' '모든 원을 거두어들이는 대원大願' '하나의 길에 들어가는 것' '여래장' '법신' '공의 두 가지 진실한 모습' '하나의 진리' '상주하며 안온한 하나의 의지처' '전도된 견해와 올바른 견해' '자성의 청정한 마음의 두 가지 측면', '여래의 진실한 아들' '승만 부인의 사자후' 등을 설하는 것이니, 수지하고 널리 전할 것을 당부합니다.

승만경의 끝부분에서 각 장의 제목을 일일이 다 열거하고 있습니다. 이는 그 경전의 내용을 다시금 되짚어 보면서 완전히 숙지하라는 것입니다. 승만 부인이 열 가지 원을 세운 것처럼 여러분도 승만경을 읽으면서 한 가지 원이라도 세우셨을 것입니다. 모든 부처님과 조사祖師스님들도 부처와 조사가 되고나서 원을 세운 것이 아니라 처음 발심發心한 그때부터 원력을 세워서 부처와 조사가 되신 것입니다.

원력의 힘으로 무한능력을 끌어 쓸 수 있다

불보살은 서원誓願, 원력願力을 세우고, 중생은 욕망하거나 소원합니다. 불보살은 원력의 삶이고 중생은 욕망의 삶이라고 할 수 있습니다. 원력은 고통에서 시름하는 일체 중생을 편안하게 하는 삶입니다. 불보살은 한마디로 발고여락拔苦與樂, 괴로움은 없애주고 즐거움을 주는 자비 원력의 삶이라 할 수 있습니다. '자慈'는 사랑을 주고 '비悲'는 고통을 빼 준다는 뜻입니다. 바로 지금 이 순간 자비 정신으로 살아야겠다는 원을 세웠다면 지금은 비록 중생의 몸이라고 하더라도 불보살의 삶을 살겠다고 다짐한 것입니다. 스스로 힘과 재산을 나누고 봉사하려고 한다면 그것 또한 원력입니다. 다른 사람을 위해서 마음을 내는 것은 다 원력입니다.

승만 부인의 십대 원 중에서 세 번째 원願, '나는 오늘부터 부처가 되기까지 화를 내지 않겠다'라는 원이 마음에 와 닿았습니다. 화를 내지 않겠다는 원을 처음부터 마음에 두었고 시시때때로 다지면서 실천하고 있습니다. 작은 것이라도 원력을 세우면 반드시 이루어집니다. 아미타불도 전생前生에 법장비구法藏比丘로 있을 때 48대 원을 세우고 열심히 수행하여 극락세계의 교주가 된 것입니다. 천수경에도 여래십대발원문이 있듯이 부처님께서도 열 가지 원을 세우셨습니다. 원력의 힘으로 살아야 합니다. 원력은 무한한 능력을 끌어 쓰는 마중물과 같은 역할을 합니다. 날마다 원력을 세우면 나날이 성장하고 발전합니다.

성문聲聞 · 연각緣覺 · 보살菩薩 여러 단계가 있지만, 모두를 초월하는 하나의 진리가 제일의제第一義諦입니다. 세상에서만 유통되는 진리를 따라서 살아가는 것을 속제俗諦, 세속의 진리라고 합니다. 우리의 삶과 직결되는 것들을 알지 못하면 세상살이가 힘듭니다. 우리가 지켜야 하는 교통법규도 세속의 진리라고 할 수 있습니다. 진제眞諦는 세상을 초월한 출세出世의 진리입니다. 세상의 진리와는 반대되는 것이지요. 제일의제는 진제와 속제를 다 아우르면서 완전히 초월하는 것으로 중도제일의제中道第一義諦라고 합니다. '유有'가 속제, '무無'가 진제라면 유와 무에도 걸리지 않는 진리가 중도제일의제입니다. 중도는 가운데가 아니라 이쪽저쪽을 다 포함하여 초월하는 것을 뜻합니다.

승만경에서 초지일관 강조하고 있는 것은 다함없는 성스러운 진리인 일승一乘입니다. 화엄경은 시원하고 통쾌하게 한 번에 일불승一佛乘에 대해서 말했습니다. 그런데 법화경과 승만경은 편찬 시기는 법화경이 빠르지만, 아마도 비슷한 시기에 유통되었을 것입니다. 왜냐하면, 법화경의 대의도 회삼승귀일승會三乘歸一乘으로 성문승 · 연각승 · 보살승을 다 회통해서 일승으로 되돌아가게 하는 것이고, 승만경도 일승을 전하는 경전입니다. 아마도 사람에 따라 눈높이교육을 한 것으로 보입니다.

　여러분은 어떤 경전으로 수행하고 계십니까? 불자들이 가장 손쉽게 접할 수 있는 경전은 아마도 천수경, 금강경일 것 같습니다. 천수경은 불교 의식에서 늘 빠지지 않고 수지 독송하고 있는데, 천수경은 이 경전 저 경전에서 가려뽑아 편집한 경전입니다. 천수경의 핵심은 신묘장구대다라니라고 할 수 있지요. 그래서 '다라니경'이라고도 합니다.

　금강경은 대한불교조계종의 소의경전所依經典이기도 하고 짧으면서도 공사상을 함축하고 있어서 많은 분들이 수지 독송하고 있습니다. 일반적인 경전은 '여시아문如是我聞'으로 시작하여 '팔부신장八部神將이 다 모여서 여설수행 수지봉행如說修行 受持奉行한다'는 구절로 끝납니다. 마지막은 유통분流通分이기 때문입니다.

　승만경의 마지막 장도 유통분이기 때문에 딱 한마디로 할 수도 있는데 다른 경전과 달리 승만경에서는 각 장章마다 부처님께서 직접 수지 독송하라고 부탁하는 것으로 맺고 있습니다. 부처님께서 이렇게 친절하게 부촉하시는 것은 그만큼 승만경의 가르침이 중요하다는 뜻입니다.

| 이 몸 그대로
| 법신 · 여래장

　승만경의 핵심 사상인 '여래장'에 대해 한번 더 살펴보겠습니

다. 여래장은 모든 유정지물有情之物들, 생각 있는 모든 중생은 다 여래를 포함하고 있다는 말입니다. 『열반경』에서도 "마음이 있는 자는 모두 마땅히 아뇩다라삼먁삼보리를 얻을 것이다"라고 말씀하셨습니다.

여래장에 이어 나오는 '법신' 또한 여래장 사상을 뒷받침해 주는 것입니다. 우리는 여래장인 동시에 이 몸 그대로 법신法身이라는 것입니다.

법신法身 · 보신報身 · 화신化身을 삼신三身부처님이라고도 하지만 가장 기본은 법신입니다. 『대승기신론』에 의하면, "일심一心의 근본체성은 불생불멸하고 부증불감하며 평등무차별하여 광대무량한 것으로서 이를 체대라고 한다"고 했습니다. 체體 · 상相 · 용用은 삼대三大라고도 합니다. 삼대는 큰 '대大'자로 썼지만 세 가지 큰 것이라는 뜻이 아니고 절대를 뜻하는 대對로서 본성本性, 본체本體를 의미합니다. 눈에 보이는 것이나 보이지 않는 것이나 모든 사물을 설명하는 근본이 된다는 말이지요.

그래서 삼대三大 중 체대體大가 법신입니다. "청정법신淸淨法身 비로자나 부처 아님이 없다"는 말은 모든 본체는 부처 아님이 없다는 뜻입니다. 중생은 다 여래의 성품을 가지고 있다는 여래장을 달리 법신이라고 하는 것입니다.

상대相大는 서로 '상相' 자를 썼지만, 그 의미는 모양 '상'이라고도 합니다. 예를 들어서 컵을 본다면 둥글고 길쭉하고 이런 크기의 모양을 '상대相大'라고 합니다. 보신報身에 해당합니다.

한편 모양은 컵이지만 용도는 물이든 술이든 차를 담는 쓰임새를 쓸 '용用'자를 써서 용대用大라고 합니다. 굳이 비유하자면 화신化身부처님을 용대用大에 비유할 수 있습니다. 천백억화신 석가모니 부처님은 아니 계신 곳 없이 필요한 몸을 다 나투어 처처處處마다 곳곳의 쓰임새에 모두 변화하여 나타나십니다.

모양과 용도에 대해서는 쉽게 이해하실 수 있을 것입니다. 그런데 이것의 본체는 무엇이겠습니까? 대大는 본성을 의미한다고 하였는데 체대는 무엇이겠습니까? 눈에 보이는 것이나 보이지 않는 것이나 무엇이든지 설명할 때 가장 적합하게 삼대三大로써 설명할 수 있어야 합니다.

삼대는 모든 존재를 이해하는 데 가장 중요한 핵심이기 때문입니다. 예를 들어 컵의 체體는 무엇일까요? 흙입니다. 모든 인연이 합쳐져서 컵이라고 하지만, 굳이 이름을 붙이자면 흙은 체요, 디자인은 상相이요, 쓰임새는 용用입니다. 경전의 본체는 나무이며 모양(相)은 직사각형으로 된 책이며, 용도는 부처님 말씀을 새겨서 우리가 읽는 경전입니다. 이와 같이 무엇이든 다 삼대로 설명할 수 있어야 합니다.

그러나 눈에 보이지도 않고 붙잡을 수도 없지만 가장 많은 설명이 필요한 것이 마음입니다. 마음도 체·상·용으로 설명이 가능해야 합니다. 선방에 계시는 스님들은 개구즉착開口卽錯, 입을 열면 틀려진다고 했습니다. 선禪은 말 없는 곳에서 말 없는 곳으로 가는 것이라고 하였습니다. 하지만 저는 법사이고 강사입니다. 강사의 가장 큰 임무는 교教를 전하는 것입니다. 말이 없는 곳에서 말 있는 곳으로 가서 말 없는 자리를 알게 해 주는 것이 법사의 책임입니다.

그런데 마음은 말이 떨어진 자리입니다. 마음을 어떻게 설명하겠습니까? 참으로 애매하기 짝이 없는 것이 마음이기 때문입니다. 경전을 공부하고 설명하는 가운데 보이지 않고 잡히지 않아도 냄새가 없어도 설명할 수 있어야 합니다. 마음의 본체는 '청정'한 것, 청정법신입니다. 청정淸淨하다는 것은 문자 그대로 어떤 것에도 물들지 않았다는 것입니다. 착한 마음도 마음이고 나쁜 마음도 마음입니다. 순자는 성악설性惡說을 주장하고 맹자는 성선설性善說을 주장하였지만, 부처님께서는 악惡도 선善도 아니라고 하시면서 청정하다고 하셨습니다.

결국, 우리가 승만경을 공부하는 것도 마음 하나 알려고 하는 것입니다. 기도를 하든 경전 독송을 하든 참선을 하든 염불을 하든 언제 어느 때나 '마음이란 무엇인가?' 하는 큰 질문 하나씩 가지고 있어야 합니다. 화가 날 때는 화내는 이 마음이 무엇인가를 생각하다 보면 화내는 그 마음이 없어집니다. 기쁜 마음이 날 때에도 기쁜 마음이 무엇인지를 의심해야 합니다. 그러다 보면 마음이 청정하다는 사실을 인지하게 되고, 기쁨도 화냄도 없다는 것을 알아차릴 수 있습니다.

그렇게 아무것도 없는 청정한 마음으로 돌아가면 행복합니다. 자유롭습니다. 어떤 마음에도 집착하지 않을 때 행복과 자유를 만

낄할 수 있습니다. 기쁨에 집착하면 기쁘지 않아서 슬프고, 슬픔에 집착하면 괴로워서 또 슬픕니다. 왜 그런 길을 택하겠습니까? 그 무엇도 아니고 우리 마음이 청정하다는 것을 철저하게 아는 것이 신심이고, 그것을 잘 활용하는 길을 차근차근 열어놓은 것이 경전입니다.

> 마음대로 쓸 수 있는 것은 마음뿐,
> 선용기심이 행복의 비결이다

　운문사에 참배하러 오신 분들이 좋은 이야기를 해달라고 하면 위와 같이 마음에 대한 이야기를 자주 해드립니다. "우리들 마음에 빛이 있다면 겨울엔 겨울엔 하얄 거예요"라는 동요도 있습니다만, 마음이 모나거나 둥글거나 색깔이 있다고 하겠습니까? 없다고 하겠습니까? 얼마든지 변하는 이 마음을 뭐라고 하겠습니까?

　마음의 쓰임새는 다용도입니다. 마음 먹기에 따라 성인聖人도 될 수 있고 미물도 될 수 있고, 범죄자도 될 수 있고 최고의 선인善人도 될 수 있습니다. 언젠가 화엄경을 읽다가 네 글자가 눈에 확 들어왔습니다. 마음이 환해졌습니다.

　선용기심善用其心, 그 마음을 잘 쓰라는 이 네 글자에 행복의 비결이 담겨 있습니다. 마음을 잘 쓰는 사람은 언제 어느 때나 행복합니다. 세상에서 마음대로 쓸 수 있는 것은 오직 마음뿐입니다. 돈을 마음대로 쓸 수 있겠습니까? 물을 마음대로 쓸 수 있겠습니까? 예전에는 물처럼 쓴다는 말을 했는데, 이젠 우리나라도 물부족 국가의 대열에 들어가 물처럼 쓰는 시대도 지났습니다. 마음대로 쓸 수 있는 것은 마음뿐이니 마음 잘 쓰는 법을 연습해야 합니다.

포대화상은 "나에게 포대가 있으니 허공도 다 담을 수 있다"고 했습니다. 포대화상의 포대가 바로 마음입니다. 크게도 작게도 마음대로 쓸 수 있는 것이 마음입니다. 지금 자기 마음을 살펴보십시오. 어디에 가 있나요? 책을 읽고 있으면서도 마음은 자유자재로 돌아다니지 않나요? 지금 마음이 학교에 가 있는 아이에게, 며칠 전 동창회에서 뽐내던 동창생의 명품가방에 가 있는 것은 아니지요?

관자재觀自在보살님만 자유 자재한 것이 아니라 우리의 마음 씀씀이도 자유 자재롭습니다. 마음은 자유자재로 온갖 곳으로 다니고 있지만 연습이 되어 있지 않으면 자기 마음을 자기 마음대로 통제하지 못합니다. 그래서 평소에 자기 마음을 자기가 자유자재로 잘 쓰는 연습을 해야 하는 것입니다.

절에 기도하러 올 여건이 안 되면 집에서라도 기도하면서 경전을 보십시오. 그렇게 마음도 단련을 시켜 양질의 마음 근육을 만들어야 합니다. 그래야 마음이 흔들리지 않고 그 마음이 가는 곳마다 자유자재로 정말 멋있게 쓸 수 있습니다. 높은 지위에 올랐다 해도 교만하지 않고 낮은 데 처해서도 비굴하지 않는 마음, 어떤 지위에서라도 마음을 자유롭게 쓰면 그 자체가 매우 자유롭습니다.

마음을 잘 돌보십시오. 늘 애지중지 닦아주고 먹여주고 보살피는 이 육신은 시간이 흐르면 나를 떠나갑니다. 죽고 나서도 가지고 갈 수 있는 것은 오직 마음이라는 것을 명심하시면서 살아가시기 바랍니다.

승만경을 읽으면서 가슴 깊이 새겨야 할 것은 우리가 바로 청정한 마음을 지닌 '여래의 진실한 자식'이라는 것입니다. 어린아이가 어른이 되듯이 여래의 씨앗을 본래 지니고 있기에 여래가 되는 것입니다. 바로 지금 이 순간부터 중생심으로 쪼들려 살지 말고 부처님의 자식으로, 진정한 제자로 거듭나서 당당하게 대자유인으로 살아가십시오.

'승만 부인의 사자후'가 다른 게 아닙니다. 바로 이것입니다. 승만 부인은 '우리는 여래의 씨앗이다' '우리는 여래의 진실한 자식이다'라는 메시지를 통해 인류에게 희망을 주고, 대긍정의 힘으로 행복하게 살아갈 것을 응원해 주는 것입니다.

이렇게 부처님께서 1장부터 15장까지 하나하나 언급하면서 수지 독송하라고 부촉하시니, "훌륭하십니다, 세존이시여! 높으신 가르침을 받들겠습니다"라고 하면서 천제석·장로 아난 및 여러 모임의 천天·인人·아수라·건달바 등이 모두 부처님께서 설하신 바를 듣고 환희하며 힘써 행하였다"고 했습니다.

여기에서 환희는 수지봉행受持奉行이라는 뜻입니다. 또한 경전을 잘 가지고 있는 것도 수지봉행이지만, 본뜻은 여설수행如說修行, 말씀과 같이 수행하고 실천하겠다는 것입니다. 경전을 읽는 것도 의미가 있고, 경전의 뜻을 설명하고 새기는 것도 의미가 있지만, 가장 중요한 것은 실천하는 데 있습니다. '안다'와 '한다'는 점 하나 차이지만, 실제로 우리 삶의 질을 바꾸는 것은 '하는 데' 행위에 있습니다. 불교적으로는 카르마(karma)라고 합니다. 무엇을 하느냐에 따라 스스로의 삶의 질이 달라진다는 것을 가슴에 새기십시오. 이 소중한 시간에 이 책을 읽고 나서 독자 여러분의 삶이 달라진다면, 진정한 행복과 자유를 누리신다면 참으로 큰 보람이 될 것 같습니다.

21세기인 오늘날에는 이전 시대에 비해 여성들의 지위가 높아지긴 했지만 아직까지도 핍박받는 여성들이 많습니다. 그분들에게 이 책을 통해 충전한 에너지를 보내드려 이 세상에 평화와 행복, 자유가 충만해진다면 더할 나위 없이 행복하겠습니다. 그 모든 것이 여러분의 마음에, 카르마에 달려 있습니다.

승만경을 읽는
즐거움

초판 1쇄 발행   2014년 11월 10일
초판 4쇄 발행   2018년 1월 30일

지은이   일진
펴낸이   윤재승

주간   사기순
기획편집   사기순, 최윤영
영업관리   김세정
디자인   나라연

펴낸곳   민족사
출판등록   1980년 5월 9일 제1-149호
주소   서울 종로구 삼봉로 81 두산위브파빌리온 1131호
전화   02-732-2403, 2404
팩스   02-739-7565
홈페이지   www.minjoksa.org
페이스북   www.facebook.com/minjoksa
이메일   minjoksabook@naver.com

ISBN   978-89-98742-32-4   03220